일연이 들려주는 역사와 불교 이야기

그림으로 보는 삼국유사

⊙사진 제공
97쪽–구지봉 바위
부록–정림사지 5층 석탑/부석사 무량수전/모전석탑/황룡사지/미륵사지 석탑/삼층 석탑/다보탑/파사 석탑/통도사 금강 계단/감은사지 3층 석탑/석굴암 본존불
(국가문화유산포털: www.heritage.go.kr)

일연이 들려주는 역사와 불교 이야기

그림으로 보는 삼국유사 3

개정판 1쇄 발행 2023년 9월 1일

글 일연 | **엮음** 예영 | **그림** 최호정

발행인 오형석
편집장 이미현 | **편집** 정은혜 | **디자인** 이희승
발행처 (주)계림북스
신고번호 제2012–000204호 | **등록일자** 2000년 5월 22일
주소 서울시 마포구 창전로 74 여촌빌딩 3층
대표전화 (02)7079–900 | **팩스** (02)7079–956
도서문의 (02)7079–913
홈페이지 www.kyelimbook.com

ISBN 978-89-533-3472-4 74900 | 978-89-533-3469-4(세트)

일연이 들려주는 역사와 불교 이야기

그림으로 보는 삼국유사

3

글 일연 | 엮음 예영 | 그림 최호정

계림북스
kyelimbooks

들어가는 말

오천 년 우리 역사 속 흥미진진한 이야기들이 펼쳐집니다!

고조선, 부여, 고구려, 신라, 백제, 가야, 발해 등 처음 우리나라는 어떻게 생겨났을까요? 단군왕검, 금와, 고주몽, 박혁거세, 수로왕 등 처음 우리나라를 세운 임금들에게는 어떤 신비한 이야기가 전해져 내려올까요? 고대의 우리 조상들은 어떤 노래를 부르며 울고 웃었을까요? 〈삼국유사〉는 이런 궁금증을 시원하게 풀어 주는 고대 역사책이자 이야기책이에요.

무엇보다 〈삼국유사〉에는 단군 신화가 최초로 수록되어 있어요. 고구려, 백제, 신라의 이야기는 물론이고, 고조선과 삼한, 부여, 가야, 발해, 후삼국에 대한 기록도 빠짐없이 실려 있지요.

〈그림으로 보는 삼국유사〉는 승려 일연이 기록한 우리나라 역사책 〈삼국유사〉의 내용을 어린이들이 재미있게 읽을 수 있도록 쉽게 풀어 썼어요. 세상에서 일어나는 여러 가지 기이한 이야기, 나라를 세운 이야기, 신라의 노래 향가, 불교와 승려 이야기, 절과 탑 이야기, 보통 사람들의 소박한 이야기까지 우리 민족이 살아온 이야기가 재미있는 그림과 함께 흥미진진하게 펼쳐진답니다. 그럼 우리 민족의 역사가 생생하게 펼쳐진 〈그림으로 보는 삼국유사〉 속으로 들어가 볼까요?

엮은이

차례

파란만장한 통일 신라 말기

고구려의 후손이 백제를 세우다

견훤이 이끈 후백제 이야기

남겨진 역사, 가야와 발해

삼국이 불교를 일으킨 신비한 이야기

삼국을 통일한 신라는 빠르게 발전하며 전성기를 누렸어요. 하지만 전성기는 영원하지 않았어요. 시간이 지날수록 왕과 귀족들은 치열한 권력 다툼과 사치스러운 생활을 하며 나라를 어지럽혔고, 백성들은 과도한 세금과 흉년으로 입에 풀칠하기조차 어려웠지요. 이러한 틈을 타 궁예가 후고구려를 세우고, 견훤이 후백제를 세우면서 새로운 삼국 시대가 열렸어요. 병들 대로 병든 신라는 두 나라에 제대로 맞서 보지도 못한 채 힘없이 무너졌지요. 파란만장한 통일 신라 말기의 이야기 속으로 들어가 볼까요?

파란만장한 통일 신라 말기

신라를 위태롭게 한 진성 여왕

진성 여왕이 총애하는 신하들이 정권을 쥐고 흔들었어요

신라 제51대 왕은 진성 여왕이에요. 여왕이 왕위에 오른 지 몇 년 지나지 않아 나라가 어지러워졌어요. 유모인 부호 부인과 그녀의 남편인 잡간 위홍 등 서너 명의 신하가 여왕의 총애를 믿고 나랏일을 마음대로 휘둘렀거든요. 도적들은 벌 떼처럼 일어났고 나라 사람들은 근심이 많았지요. 그러자 이런 어지러운 상황을 비판하는 수수께끼 같은 글이 퍼졌어요.

'여왕과 위홍과 부호 부인 때문에 신라가 망한다.'

왕과 권력을 잡은 신하들이 그 글을 손에 넣고 말했어요.

"왕거인★이 아니면 누가 이런 글을 짓겠는가?"

그러고는 곧바로 왕거인을 잡아들였어요.

옥에 갇힌 왕거인은 자신의 억울한 심정을 담은 시를 지어 하늘에 하소연했어요. 그러자 하늘에서 홀연히 벼락이 내리쳤어요. 이를 본 여왕과 신하들은 하늘이 내린 기이한 현상에 놀라 왕거인을 풀어 주었답니다.

★**왕거인** 통일 신라 때 부패한 왕실에 비판적 태도를 가진 새로운 지식 계급의 대표적인 인물로 짐작해요.
★**연단** 중국 연나라 태자인 '단'을 가리켜요. 진나라가 침공하자 연나라 왕이 단을 죽여 바쳤어요.
★**추연** 중국 제나라 사람으로, 주변의 모함을 받아 옥에 갇히자 한여름에 서리가 내렸다고 해요.

활 잘 쏘는 거타지

양패의 꿈에 한 노인이 나타났어요

진성 여왕의 막내아들 양패가 당나라에 사신으로 가게 되었어요. 배가 지나는 바닷길을 백제의 해적이 막고 있다는 소식에 양패는 활 쏘는 궁사 50명을 뽑아 따르게 했어요.

배가 곡도(백령도)에 도착했을 때 바람과 파도가 크게 일었어요.

열흘이 넘도록 바다 위에서 꼼짝없이 머물러야 할 정도였지요.

걱정이 된 양패가 점쟁이를 찾아갔어요.

"섬에 신을 모신 못이 있으니 제사를 지내야 합니다."

점쟁이의 말대로 제사를 지내자, 못의 물이 사람 키만큼 솟구쳤어요.

그날 밤 양패의 꿈에 한 노인이 나타나 말했어요.

"활 잘 쏘는 사람을 이곳에 남겨 두면 순풍을 만날 것이오."

꿈에서 깨어난 양패는 노인이 한 말을 사람들에게 알리고 물었어요.

"누구를 남겨 두면 좋겠는가?"

사람들이 말했어요.

"나뭇조각 50개에다 우리 이름을 써서 바다에 던진 후
가라앉은 자로 합시다."

거타지가 늙은 여우를 잡았어요

양패는 사람들의 의견대로 나뭇조각으로 제비를 뽑아, 거타지라는 사람을 혼자 남게 했어요. 그 순간 순풍이 불어 배가 거침없이 나아갔어요.

거타지가 걱정스러운 마음으로 있는데 한 노인이 못에서 나와 말했어요.

"나는 서해의 신일세. 날마다 해가 뜰 무렵이면 하늘에서 승려가 내려와 주문을 외면서 못을 세 바퀴 도는데, 그러면 우리 가족이 모두 물 위로 떠오르고 승려가 간장★을 먹어 치운다네. 이제 우리 부부와 딸 하나만 살아남았는데 그대가 활로 승려를 쏘아 주겠나?"

★**간장** 사람 몸속의 간과 창자를 이르는 말이에요.

"걱정 마십시오. 활 쏘는 일이라면
제 특기입니다."

거타지의 말에 노인은 고마워하며 사라졌어요.

이튿날 동쪽이 밝아 왔어요. 과연 노인의 말처럼 승려가 나타나 이전처럼 주문을 외면서 늙은 용의 간을 빼내려고 했어요. 이때 몸을 숨기고 기다리던 거타지가 활을 쏘았어요. 화살을 맞은 승려는 그 즉시 늙은 여우로 변해 땅에 떨어져 죽었어요.

용 두 마리가 신라의 배를 호위했어요

승려가 죽자 노인이 나와 감사해하며 말했어요.

"공의 은혜를 입어 목숨을 건졌으니 내 딸을 그대의 아내로 주겠네."

거타지는 사양하지 않았어요.

"따님을 평생 저버리지 않고 사랑하겠습니다."

노인이 자신의 딸을 한 송이 꽃으로 바뀌게 하여 거타지의 품속에 넣어 주었어요. 그리고 두 용에게 거타지를 데리고 양패 일행이 탄 배를 뒤쫓아 가, 그 배를 당나라까지 곁에서 지키라고 명령했어요.

얼마 뒤 당나라 사람들은 신라의 배가 용 두 마리의 호위를 받으며 들어오는 것을 보고 깜짝 놀랐어요. 이 사실을 들은 당나라 황제가 말했어요.

"신라 사신이 비범★한 사람인 것 같으니 그에 맞게 대접하라."

당나라는 연회를 크게 열고 신라 사신들에게 금과 비단을 후하게 주었지요.

얼마 후 신라로 돌아온 거타지는 품에서 꽃송이를 꺼냈어요. 꽃이 여인으로 바뀌자, 거타지는 여인을 아내로 맞이하여 함께 살았답니다.

★**비범** 보통 수준보다 훨씬 뛰어난 것을 말해요.

이상한 징조가 나타난 효공왕과 경명왕

까마귀가 집을 짓고 벽화 속의 개가 짖었어요

효공왕은 신라 제52대 임금이에요. 효공왕이 다스리던 912년에 봉성사 바깥문 동서쪽에 까치가 집을 지었어요. 또 효공왕의 뒤를 이은 신덕왕이 다스리던 915년에는 영묘사 안의 행랑에 까치가 지은 집이 34개, 까마귀가 지은 집이 40개나 있었어요. 3월에는 봄인데도 불구하고 서리가 두 번이나 내렸고, 6월에는 강물과 바닷물이 부딪혀 사흘 동안이나 거센 파도를 일으켰어요.

제54대 임금 경명왕이 다스리던 918년에도 이상한 일이 일어났어요.

사천왕사 벽화에 그려져 있던 개가 짖어 사흘 동안 불경을 읽어 쫓아냈는데, 반나절이 지나자 또 짖은 거예요. 920년 2월에는 황룡사 탑의 그림자가 원래 장소를 떠나 신하 금모의 집 뜰에 한 달 동안이나 거꾸로 비치는 일이 있었고요. 10월에는 사천왕사 오방신★의 활줄이 모두 끊어졌고, 벽화에 그려진 개가 뛰쳐나와 뜰을 달리고는 다시 벽화 속으로 들어가는 희한한 일이 있었답니다.

★**오방신** 동서남북 사방과 중앙을 지키는 신이에요.

삼국유사 배움터

후삼국 시대가 열리다

신라는 백제와 고구려를 차례로 멸망시키고 676년에 삼국 통일을 이루었어요. 바야흐로 통일 신라 시대가 시작되었지요. 신라는 안정된 왕권, 늘어난 영토와 인구를 바탕으로 빠르게 발전했어요. 고구려와 백제의 문화를 받아들여 화려한 문화를 꽃피웠고, 당나라를 비롯한 여러 나라와 교류했어요. 또한 왕실과 귀족은 물론 모든 백성들이 불교로 하나가 되며 더할 나위 없는 전성기를 누렸지요.

그러나 신라는 8세기 후반부터 흔들리기 시작했어요. 왕실과 귀족은 치열한 권력 다툼을 벌이며 사치와 향락에 빠졌고, 백성들은 계속된 흉년과 전염병, 과도한 세금에 시달리며 비참한 생활을 했어요. 나라는 혼란 그 자체였지요.

이 무렵, 지방에서 힘을 키운 '호족'이란 세력이 나타나기 시작했어요. 이 가운데 견훤이 전라도와 충청도 일대를 중심으로 후백제(900년)를 세웠고, 궁예는 경기도와 강원도를 중심으로 후고구려(901년)를 세웠어요. 삼국을 통일했던 신라가 다시 삼국으로 나뉘게 된 이 시기를 바로 후삼국 시대라고 해요. 후고구려와 후백제는 세력을 넓히며 서로 후삼국을 통일하려고 치열하게 싸웠어요. 그러나 궁예의 부하였던 왕건이 고려를 세워 후백제를 무너뜨렸고, 신라가 스스로 항복하면서 후삼국 시대는 936년에 막을 내렸답니다.

신라의 마지막 왕이 된 경순왕

견훤이 경애왕을 폐하고 경순왕을 즉위시켰어요

927년 9월, 후백제의 견훤이 신라에 쳐들어왔어요. 당황한 경애왕이 고려의 태조 왕건에게 구원을 요청하자, 태조 왕건은 즉시 날쌘 병사 1만 명을 보내 주었지요. 그러나 구원병이 도착하기 전인 11월에 이미 견훤이 경주를 덮치고 말았어요. 이때 왕은 왕비를 비롯해 왕실 친척들과 포석정에서 연회를 즐기고 있었는데, 순식간에 벌어진 일에 어찌할 바를 몰랐어요. 왕과 왕비는 황급히 후궁으로 도망쳤고, 다른 사람들은 사방으로 흩어져 달아나다가 후백제군에 사로잡혔지요.

견훤은 왕실과 백성들의 재물을 강제로 빼앗고 왕궁으로 들어가 지내면서 도망간 왕을 찾아오도록 했어요. 결국 왕과 왕비, 신하들이 후궁에 숨어 있다가 붙잡혀 끌려 나왔어요.

견훤은 경애왕에게 스스로 목숨을 끊으라고 협박했어요. 그리고 왕의 이종사촌인 김부를 왕으로 즉위시켰지요. 그가 바로 신라의 제56대 경순왕이에요. 경순왕은 경애왕의 시신을 서당에 모시고 신하들과 통곡했어요. 이때 태조 왕건이 사신을 보내 위로했어요.

경순왕이 태조 왕건을 만났어요

이듬해 928년 3월에는 태조 왕건이 50여 명의 기병을 거느리고 신라에 도착했어요. 경순왕은 모든 벼슬아치들과 함께 나가 태조 왕건을 맞이하고, 궁궐로 들어와 마음과 예의를 다해 대접했어요. 이때 임해전에서 연회를 열었는데, 술기운이 기분 좋게 오르자 경순왕이 말했어요.

"과인이 덕이 부족하여 근심과 재앙을 불러들이고 견훤에게 나라를 잃게 되었으니, 이 얼마나 원통한 일입니까?"

그리고 눈물을 흘리자 태조 왕건을 비롯해 주위 사람 모두 목메어 울었어요.

이날 이후 태조 왕건은 신라에 수십 일 동안 머물다가 돌아갔는데, 부하 군사들의 행실이 반듯하여 절대로 법을 어기는 일이 없었어요.

이를 두고 사람들이 말했어요.

"지난번 견훤이 왔을 때는 이리와 호랑이를 만난 것 같더니, 지금 왕건이 온 것은 부모를 만난 것 같구나."

8월에는 태조 왕건이 사신을 보내 경순왕에게 비단 저고리와 말안장을 선물하고, 여러 신하에게도 직급에 따라 차별을 두어 선물을 주었어요.

태조 왕건에게 항복했어요

그로부터 7년 뒤인 935년 10월에는 경순왕이 태조 왕건에게 항복할 것을 신하들과 의논했어요. 신라의 땅 대부분을 견훤에게 빼앗겼고, 국력은 쇠약해질 대로 쇠약해져 더 이상 스스로 버틸 수 없기 때문이었지요. 이에 신하들의 찬성과 반대 의견이 엇갈렸어요. 그때 태자가 나섰어요.

"나라의 존망★에는 반드시 타고난 운명이 있는 것입니다. 마땅히 충성스러운 신하들과 함께 민심을 수습하여 최선을 다한 후에 정 할 수 없으면 그만두어야지, 어찌 천 년이나 이어 온 역사를 남에게 넘기겠습니까?"

★**존망** 나라가 계속 이어지느냐, 멸망하느냐를 뜻해요.

경순왕이 말했어요.

"나라가 이미 유지할 수 없을 정도로 위태롭다. 죄 없는 백성들에게 더 이상 나라가 무너지는 비참함을 맛보게 할 수 없다."

결국 경순왕은 신하 김봉휴 편에 편지를 보내, 태조 왕건에게 항복을 청했어요.

태자는 울면서 왕에게 인사를 올리고 궁을 떠났어요. 그리고 곧장 개골산으로 들어가 삼베옷을 입고 풀뿌리를 캐어 먹으며 일생을 마쳤어요. 왕의 막내아들도 머리를 깎고 승려가 되었지요.

사위와 장인, 처남과 매부 사이가 되었어요

경순왕은 모든 관리를 거느리고 고려로 왔는데, 그를 따라온 수레와 말의 행렬이 약 12킬로미터나 이어졌어요. 도로의 길목이 막히고 구경꾼들로 담을 이루었지요. 태조 왕건은 경순왕의 편지를 받고 신하를 보내 맞이하게 했고, 그 역시 직접 궁 밖에 나가 맞이하며 환영했어요.

왕건은 경순왕에게 궁궐 동쪽의 한 구역을 내려 지내게 하고, 맏딸 낙랑 공주를 아내로 삼게 했어요. 또한 경순왕을 태자보다 높은 지위의 정승에 봉하고 녹봉★ 1천 석을 주었어요. 함께한 관원과 장수들도 그대로 쓰게 했어요. 그리고 '신라'를 고쳐 '경주'라 하고, 경순왕의 식읍★으로 삼게 했지요.

★**녹봉** 나라에서 벼슬아치에게 일한 대가로 주던 곡식이나 베, 돈 등을 말해요.
★**식읍** 나라에서 큰 공을 세운 신하에게 세금을 걷어 쓸 수 있게 해 주는 마을을 일컬어요.

왕건은 경순왕을 후하게 대접하고, 사신을 보내 말했어요.

“왕이 과인에게 나라를 주신 것은 실로 큰일입니다. 바라건대 왕의 친족과 결혼하여 영원히 처남과 매부로 좋은 관계를 맺고자 합니다.”

이에 경순왕이 대답했어요.

“나의 큰아버지 억렴에게 딸이 있는데 덕이 있고 용모가 아름답습니다. 그녀를 곁에 두시면 나랏일을 잘 다스릴 수 있을 것입니다.”

이에 왕건은 억렴의 딸을 아내로 삼았는데, 이 여인이 신성 왕후예요.

대대로 계림에 살며 작위를 받았어요

그뿐이 아니에요. 태조 왕건의 손자이며 고려 제5대 왕인 경종은 경순왕의 딸을 왕비로 맞이했으니, 바로 헌승 왕후랍니다. 이리하여 경순왕을 아버지에 버금간다는 의미에서 상보★로 삼았어요.

경순왕은 979년에 죽었는데, 이때 시호★를 경순이라고 했어요.

그를 상보로 책봉하는 문서에 다음과 같이 적혀 있어요.

★**상보** 임금이 신하를 특별 대우해 주던 칭호예요.
★**시호** 임금이나 벼슬이 높은 사람이 죽은 뒤에 그 사람의 행적을 칭송하여 붙인 이름이에요.

관광순화위국공신 상주국 낙랑왕 정승 식읍 8천 호 김부는 대대로 신라에
살았고 관직은 왕의 작위를 나누어 받았다. 그 영특한 기상은 하늘에 닿고
문장의 재능은 땅을 흔들 만했다. 우리 태조 왕건께서 이웃 나라와 친목하여
일찍부터 김부의 됨됨이를 알아보고 사위로서 혼인을 맺게 하였다. 이제 삼국이
통일되었으니, 영광스러운 이름은 널리 퍼지고 아름다운 법은 빛나고 높다.
김부에게 상보의 칭호를 더하고 추충신의숭덕수절공신의
칭호를 주니, 벼슬은 과거와 같고 식읍은
이전의 것과 합쳐 모두 1만 호이다.
날을 골라 예를 갖추어 시행하라.
975년 10월 어느 날.

삼국유사 배움터

포석정은 정말 왕이 놀던 곳일까?

포석정은 돌에 홈을 파서 시냇물을 흐르게 하고, 그 물에 술잔을 띄워 놓고 시를 읊으며 놀던 곳이에요. 927년 후백제군이 신라로 쳐들어왔을 때, 신라 경애왕은 이 포석정에서 왕실 친척들과 연회를 즐기다가 견훤에게 죽임을 당했어요. 그래서 포석정은 신라 멸망을 상징하는 장소로 알려졌지요.

그런데 좀 이상하지 않나요? 신라가 아무리 기울어 가고, 왕이 아무리 무능해도 적군이 침입해 오는 위급한 상황에 술잔을 띄우고 논다는 건 상식적으로 이해가 가지 않지요? 더구나 후백제군이 쳐들어온 때가 한겨울이었으니, 물이 얼어붙어 술잔을 띄울 수조차 없지 않았을까요?

이에 역사학자들은 포석정이 어떤 곳인가에 대한 의문을 품고 있었는데, 1999년에 그 의문을 풀어 줄 유적이 발굴됐어요. 포석정 주변을 발굴한 결과, 제사 시설로 추정되는 유적을 찾은 거예요. 또 신라 시대 화랑에 관한 이야기를 담고 있는 〈화랑세기〉에는 '포석사'라는 단어가 나와요. '사'는 제사를 뜻하니, 포석정이 제사를 지내던 신성한 곳이었다는 추측을 할 수 있지요.

이런 것들로 볼 때 당시 경애왕은 후백제군의 침입 소식을 듣고 고려 태조 왕건에게 군사를 요청한 뒤, 포석정에 가서 신라의 무사를 기원하는 제사를 지냈던 게 아닐까 하는 추측을 할 수 있겠지요?

삼국유사 놀이터

신라는 후고구려와 후백제의 공격을 받아 점점 약해지다가 결국 고려에 스스로 항복하며 천 년 역사를 끝냈어요. 신라가 무너지는 최후의 순간이 담긴 그림의 순서를 시간 순으로 맞춰 보세요.

신라의 경애왕이 포석정에서 잔치를 벌였어요.

고려 태조 왕건이 경순왕을 위로했어요.

견훤이 이끄는 후백제군이 신라를 쳐들어왔어요.

경순왕이 고려에 항복하자고 말하자
태자가 반대했어요.

견훤이 경애왕을 죽게 하고 경순왕을
왕위에 올렸어요.

왕건이 경순왕에게 자기 딸을 아내로
삼게 하고 높은 직위를 내렸어요.

경순왕이 신하들을 이끌고 고려로
찾아가 항복했어요.

백제는 기원전 18년에 건국되었어요. 고구려를 세운 주몽의 아들 온조가 고구려에서 함께 내려온 사람들과 한강 유역에 터를 잡으면서 백제의 역사가 시작되었지요. 이후 백제는 땅이 기름지고 물자가 풍부하며 뱃길이 자유로운 한강을 바탕으로 삼국 중에서 가장 빨리 발전했어요. 그리고 세련된 문화를 꽃피우며 주변 나라들에 영향을 끼쳤답니다.

자, 그럼 고구려의 후손들이 어떻게 백제를 세웠는지 알아볼까요?

고구려의 후손이 백제를 세우다

백제의 시작

백제는 삼한 78국에서 출발했어요

〈백제지리지〉에는 중국 후한 시대를 담은 역사책 〈후한서〉의 말을 인용하여 백제에 관해 이렇게 적혀 있어요.

'삼한은 모두 78국인데 백제는 그 가운데 한 나라이다.'

또 중국 위진 남북조 시대의 역사를 다룬 역사책 〈북사〉에는 백제의 위치에 관해 '백제의 동쪽 끝은 신라이고 서남쪽은 큰 바다와 닿아 있으며, 북쪽 끝은 한강이다.'라고 기록하고 있어요.

부여군은 백제의 예전 수도인데, 소부리군이라고 부르기도 해요.
소부리란 부여의 별칭이지요.
〈삼국사기〉를 살펴보면, 백제의 제26대 임금 성왕이 538년 봄에 도읍을 사비로 옮기고 나라 이름을 '남부여'라고 했어요. 그러므로 부여군이라는 것은 백제의 옛 이름을 되찾은 것으로, 백제 왕의 성이 부씨였기 때문에 그렇게 불렀어요.

주몽의 아들이 세운 백제

주몽의 두 아들이 나라를 세우기 위해 남쪽으로 떠났어요

〈삼국사기〉에는 백제의 건국 이야기를 자세히 전하고 있어요. 백제를 세운 사람은 온조예요. 그의 아버지는 고구려를 세운 추모왕인데, 주몽이라고도 해요. 주몽은 북부여에서 자신을 해치려는 사람들을 피해 도망쳐 졸본 부여★에 이르렀어요. 이때 부여주의 왕은 주몽이 평범치 않은 사람이라는 것을 알아보고 둘째 딸을 아내로 삼게 했지요.

★**졸본 부여** 고구려를 이르는 말이에요.

얼마 후 부여주의 왕이 아들 없이 죽자 주몽이 왕위를 이어받았어요. 주몽은 두 아들을 낳았는데, 큰아들은 비류, 둘째는 온조라고 했어요. 그런데 주몽이 북부여에서 낳은 배다른 아들이 찾아와 태자의 자리에 올랐어요. 비류와 온조는 태자에게 미움을 받을까 봐 두려웠지요. 결국 두 왕자는 오간과 마려 등의 신하들과 함께 남쪽으로 떠났어요. 이때 많은 백성이 두 왕자를 따라나섰답니다.

비류가 미추홀로 가 버렸어요

남쪽으로 내려온 비류와 온조 일행은 마침내 한산★에 도착했어요. 그리고 신하들과 함께 부아악★에 올라가서 살 만한 곳을 살펴보았지요.

이때 비류가 서쪽 바닷가인 미추홀(인천)에 터를 잡고 살려고 했어요. 하지만 함께 온 신하들이 비류의 결정을 말리며 말했어요.

★**한산** 오늘날의 북한산으로 추정해요.
★**부아악** 오늘날의 인수봉 일대로 추정해요.

"오직 이 하남(한강 아래) 땅만이 북쪽으로 한강을 끼고 있고, 동쪽으로 높은 산에 기대 있으며, 남쪽으로 기름진 들판을 바라보고 있습니다. 또한 서쪽으로는 바다로 막혀 있으니, 이처럼 적의 공격을 막기에 유리하고 살기 좋은 땅은 찾기 어려울 것입니다. 그러니 이곳에 도읍을 정하는 것이 좋지 않겠습니까?"

신하들의 만류에도 비류는 자신을 따르는 백성들을 데리고 결국 미추홀로 가 버렸어요. 비류가 떠난 뒤 온조는 하남의 위례성에 도읍을 정하고 열 명의 신하들을 거느리고 나라 이름을 '십제'라고 했어요. 이때가 기원전 18년이에요.

온조가 나라 이름을 백제로 지었어요

비류는 미추홀로 갔지만 땅에 물기가 많고 물에 소금기가 많아서 농사를 지을 수가 없었어요. 이와 달리 온조가 자리 잡은 위례성에는 도읍이 안정되고 백성들이 편안히 살았어요. 훗날, 비류가 죽은 뒤에 미추홀에 있던 신하와 백성들이 모두 위례성으로 왔지요.

온조는 나라 이름을 백성들이 즐겁게 따랐다는 뜻의 '백제'로 고치고, 백제의 조상이 고구려와 똑같이 부여에서 나왔다 하여 '해'를 성씨로 삼았어요.

옛 기록을 보면, 백제는 기원전 5년에 한산(경기도 광주)으로 도읍을 옮겼고 제13대 근초고왕 때인 371년에 북한성(양주)으로 도읍을 옮겼어요. 제22대 문주왕이 왕위에 오른 475년에는 웅천(공주)으로 도읍을 옮겼고, 제26대 성왕 때 남쪽의 사비(부여)로 도읍을 옮긴 뒤 나라 이름을 남부여라고 했어요.

삼국유사 배움터

삼국의 귀족 회의

고구려, 백제, 신라가 세워진 초기에는 왕의 권력이 그리 강하지 않았어요. 삼국은 모두 여러 부족이 모여 세워진 국가였고, 왕 역시 한 부족을 다스리는 대표일 뿐이었거든요. 그래서 나라의 중요한 일이 생기면 부족장들이 회의를 해서 결정했고, 시간이 지나 부족장들이 귀족 계급이 되면서 귀족 회의로 발전했어요.

먼저, 고구려의 귀족 회의에는 '제가 회의'가 있었어요. '가'는 부족장을 뜻하고, 가들이 모여 '제가'라고 했어요. 가들은 오늘날의 국무총리 격인 '대대로'라는 수상을 뽑았어요. 대대로는 왕과 귀족들 사이의 의견을 조율하며 나라를 이끌었답니다.

백제의 귀족 회의는 '정사암 회의'라고 해요. 정사암이란 나라의 정치를 의논하던 바위로, 백제 후기의 수도인 사비성 부근에 있었다고 해요. 이 회의에서는 귀족들의 대표인 재상을 뽑았어요. 그 방식은 각 귀족들이 돌에 후보자의 이름을 적어 정사암에 올려놓았다가, 시간이 지난 후에 열어 도장이 찍혀 있는 이름의 사람을 재상으로 삼는 것이었어요.

신라의 귀족 회의는 '화백 회의'예요. 이 회의에는 부모 모두 왕족인 성골과 한쪽 부모만 왕족인 진골이 참여했고, 대표는 상대등이었어요. 화백 회의는 귀족들 모두 의견이 하나로 일치하는 만장일치로 진행되었어요. 한 사람이라도 반대하면 절대 통과할 수가 없었답니다.

마를 캐다가 팔았던 무왕

서동이 노래를 지어 퍼뜨렸어요

백제의 제30대 무왕의 이름은 '장'이에요. 그의 어머니는 사비 남쪽의 못가에 집을 짓고 홀로 살다가 못 속의 용을 만나, 장을 낳았어요.

장은 어려서부터 재주가 많고 생각이 깊어, 남의 마음을 잘 헤아렸어요. 또 마를 캐는 아이라는 뜻의 '서동'이라는 이름으로 불렸어요. 어느 날 서동은 신라 진평왕의 셋째 딸인 선화 공주가 매우 아름답다는 말을 들었어요. 그는 공주와 만나기 위해 머리를 깎고 신라로 향했지요.

신라 경주에 도착한 서동은 아이들에게 마를 나누어 주면서 친하게 지냈어요. 그러고는 노래를 지어 아이들에게 부르고 다니게 했답니다. 아이들이 부른 노래는 신라 곳곳에 퍼져 궁궐에까지 알려졌어요. 신하들은 진평왕에게 공주를 엄히 다스려야 한다고 청했어요. 왕은 고민 끝에 공주를 먼 곳으로 유배★ 보내기로 했지요.

★**유배** 죄인을 일정 기간 동안 정해진 곳에서 지내게 하던 벌이에요.

선화 공주와 서동이 부부가 되었어요

공주는 어머니가 여비로 준 황금을 가지고 궁궐을 떠났어요. 그리고 유배지에 도착할 즈음이었어요. 갑자기 한 남자가 공주 앞에 나와 절을 하며 자기가 모시고 가겠다고 했어요. 공주는 그가 어디서 온 사람인지는 몰랐으나 친절한 남자와의 우연한 만남이 기뻤어요. 그래서 그를 믿고 따라가서는 부부가 되었지요. 그런 후에야 그 남자가 노래를 지어 퍼뜨린 서동이라는 것을 알게 되었어요. 공주는 운명이라 여기고, 서동과 함께 백제 땅으로 갔어요.

백제에 도착한 공주는 어머니가 준 황금을 꺼내 놓고 앞으로 살아갈 계획을 세우려 했어요. 그런데 황금을 본 서동이 껄껄 웃으며 무엇이냐고 물었어요.

"이것은 황금입니다. 이것만 있으면 평생 부유하게 살 수 있답니다."

"하하, 내가 마를 캐던 곳에 가면 이런 것이 산처럼 쌓여 있다오."

"정말요? 황금은 더없이 귀한 보물입니다. 그 보물들을 신라에 계신 부모님의 궁궐로 옮기는 게 어떻겠습니까?"

"좋소, 그리합시다."

서동이 황금을 찾고 왕위에 올랐어요

서동은 공주를 데리고 마를 캐던 곳으로 갔어요. 그곳에는 서동이 말한 대로 빛나는 황금이 수북하게 쌓여 있었어요. 이 많은 황금을 어떻게 옮겨야 할까 고민스러울 정도였지요.

그래서 신기한 능력이 있다고 소문난 용화산 사자사의 지명 법사를 찾아가 황금을 신라 궁궐로 옮길 방법을 물었어요.

지명 법사가 말했어요.

"나의 신통력으로 옮겨 줄 테니 염려 말고 황금을 가져오시오."

공주는 부모님께 전할 편지를 써서 황금과 함께 사자사 앞에 놓았어요. 법사는 신통력을 부려 하룻밤 만에 황금을 신라 궁궐로 옮겼어요. 진평왕은 신하들로부터 궁궐에 엄청나게 많은 황금이 놓여 있다는 보고를 받았어요. 선화 공주가 보낸 편지도 읽었지요. 그는 이 신비스러운 일에 놀라고 감탄했어요. 서동이 예사롭지 않은 사람이라 여겨 존경하였고, 항상 편지를 보내 잘 지내는지를 물었어요. 이처럼 왕의 두터운 신임을 얻은 서동은 백성들에게도 인심을 얻어 백제 왕의 자리에 올랐답니다.

못을 흙으로 메워 절을 지었어요

어느 날이었어요. 무왕이 왕비와 함께 사자사에 행차하던 길이었어요. 일행이 용화산 아래 큰 못가에 도착했을 때 갑자기 못 속에서 미륵 삼존★이 나왔어요.

무왕은 수레를 멈추고 예를 갖추었지요.

그러자 왕비가 왕에게 말했어요.

"이곳에 큰 절을 세우는 것이 저의 간곡한 소원입니다."

★**미륵 삼존** 법당의 가운데에 있는 미륵불과 그 양쪽에 있는 두 보살을 통틀어 이르는 말이에요.

왕은 왕비의 청을 허락하고는 지명 법사를 찾아가 먼저 못을 메우는 방법을 물었어요. 지명 법사는 신통력으로 하룻밤 사이에 산을 허물어 커다란 못을 메웠어요. 못을 평평한 땅으로 만든 거예요. 그리고 그 땅 위에 탑과 건물 등을 세우고, 절 이름을 '미륵사'라고 지었어요. 절을 세울 때 신라의 진평왕이 여러 기술자를 보내 돕게 했답니다.

삼국유사 배움터

삼국 시대에 지어진 가장 큰 절, 미륵사

백제의 제30대 무왕은 전라북도 익산에 미륵사라는 절을 지었어요. 〈삼국유사〉에 따르면 무왕의 왕비인 선화 공주의 바람으로 지어졌다고 해요. 미륵사는 삼국 시대에 지어진 절 중에서 가장 규모가 컸어요. 부처를 모신 법당 건물 세 채에, 법당마다 앞에 거대한 탑을 하나씩 세워 놓았어요. 가운데 탑이 목탑이고, 양쪽에 있는 두 개의 탑은 석탑이에요. 백제에 있던 대부분의 사찰이 법당 한 채와 탑 하나로 이루어진 걸로 볼 때, 미륵사의 건축은 아주 특별하지요.

무왕이 이처럼 거대한 미륵사를 지은 까닭은 왕권을 강화하려는 목적에서였어요. 규모가 큰 절을 짓고 높은 탑을 세워 모두가 우러러보도록 한 것이지요. 또 당시 백제의 수도였던 부여가 아닌 익산에 지은 것은 자신의 세력이 약한 부여를 떠나 익산에서 새롭게 백제를 이끌어 가려는 목적이었답니다. 하지만 아쉽게도 지금은 미륵사가 있던 터와 반쯤 부서진 서쪽 석탑만 남았어요.

이 석탑은 우리나라에서 가장 오래되고 가장 규모가 큰 탑으로, 18년에 걸친 대대적인 보수 공사를 거쳐 2019년 복원에 성공했어요. 석탑을 해체하는 과정에서 미륵사를 창건한 사람이 좌평 사택적덕의 딸이자 백제 왕후라는 게 밝혀지기도 했지요. 그리고 동쪽 석탑은 1992년에 절터 주변에 남아 있던 옛 돌 재료들을 모아 복원했답니다.

신라는 삼국을 통일하고 200년쯤 지나자 극심한 혼란에 빠졌어요. 왕과 귀족들은 권력 다툼에 정신없었고, 살기 힘들어진 백성들은 봉기를 일으켰지요. 혼란한 이 시기에 신라의 군인이었던 견훤은 여러 전쟁에서 공을 세우며 세력을 키웠어요. 그리고 마침내 옛 백제 땅이었던 전라도 지방에서 무리를 모아 후백제를 세웠답니다. 후백제는 빠른 속도로 충청도와 경상북도 지역까지 세력을 넓히며 신라를 위협했지요. 지금부터 견훤이 어떻게 후백제를 세우고 이끌었는지 살펴보아요.

견훤이 이끈 후백제 이야기

견훤의 출생

아자개의 아들로 태어났어요

〈삼국사기〉에는 후백제를 세운 견훤에 대해 이렇게 말하고 있어요. 견훤은 상주 가은현 사람으로 신라 경문왕 7년이던 867년에 태어났어요. 본래의 성은 이씨인데 나중에 견씨로 바꾸었지요.

그의 아버지 아자개는 농사를 짓고 살았어요. 그런데 어느 해 사불성(상주)을 차지하고 스스로 장군이라고 했어요. 아자개에게는 아들 넷이 있었고 모두 세상에 이름이 알려졌는데, 그중 견훤이 가장 뛰어나고 지혜가 많았답니다.

<이제가기>라는 책에서는 견훤을 이렇게 말하고 있어요.

신라 진흥왕의 셋째 아들은 구륜공이에요. 구륜공의 아들은 파진간 선품이고, 선품의 아들은 각간 작진이지요. 작진은 왕교파리를 아내로 맞이하여 각간 원선을 낳았는데, 이 사람이 바로 아자개랍니다. 아자개의 첫째 아내는 상원 부인이고, 둘째 아내는 남원 부인으로 아들 다섯과 딸 한 명을 낳았어요. 맏아들이 바로 견훤이에요.

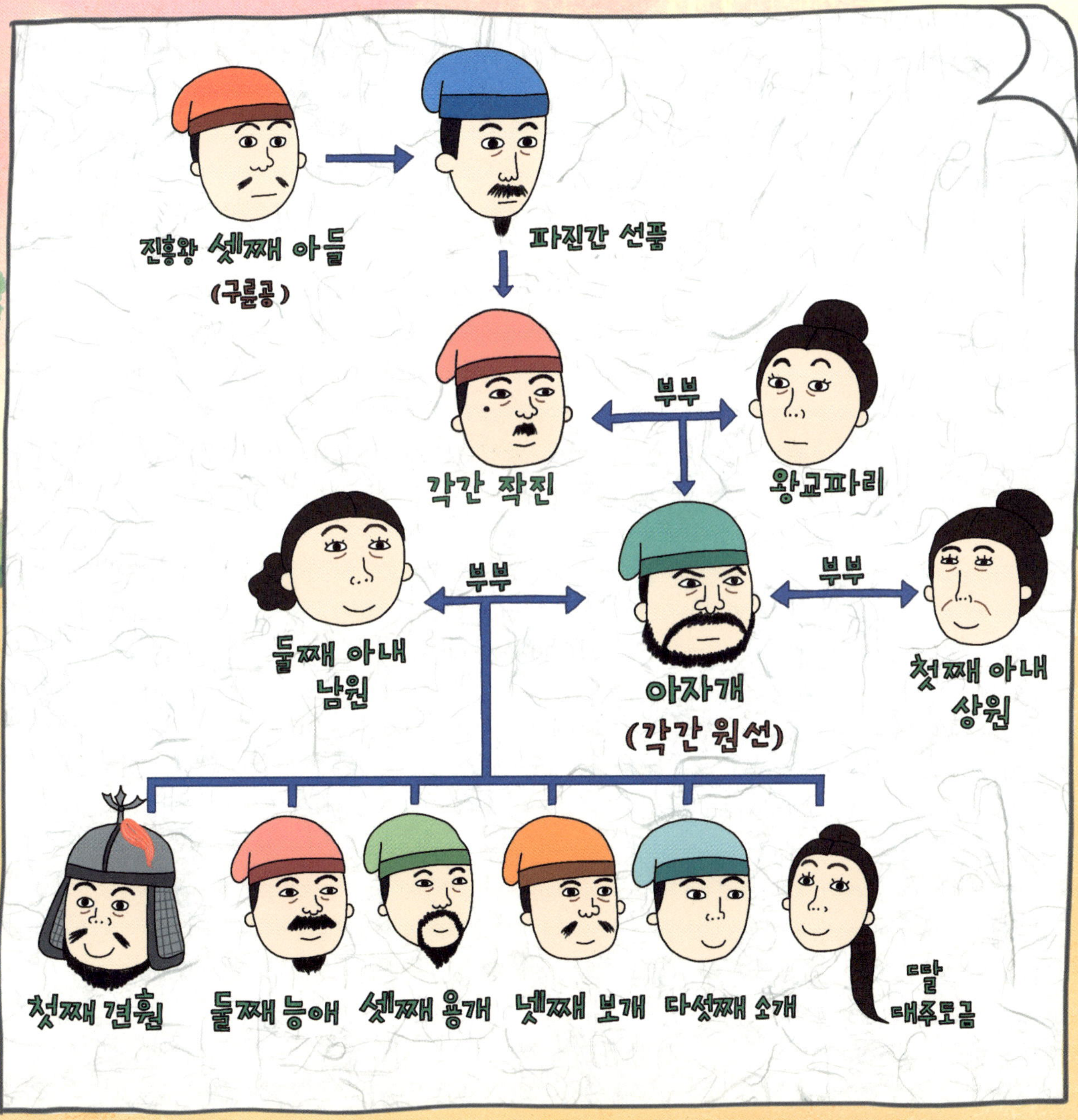

큰 지렁이의 아들로 태어났다고도 해요

〈고기〉라는 책에는 견훤의 출생에 대해 이렇게 전하고 있어요.

옛날에 한 부자가 광주 북쪽 마을에 살고 있었어요. 그에게는 딸 하나가 있었는데, 생김새가 매우 아름다웠어요.

어느 날 딸이 아버지에게 희한한 말을 했어요.

"매일 자주색 옷을 입은 남자가 제 침실로 옵니다."

그러자 아버지가 말했어요.

"긴 실을 바늘에 꿰어 놨다가 밤에 남자가 오거든 옷에 꽂아 두거라."

그날 밤 딸은 아버지가 시킨 대로 했어요.

다음 날 날이 밝자, 딸은 북쪽 담장 아래에서 풀려 나간 실을 찾았어요.

실은 놀랍게도 커다란 지렁이의 허리에 꿰어 있었답니다.

그 후 딸은 임신하여 사내아이 한 명을 낳았어요.

이 아이가 열다섯 살이 되자 스스로를

견훤이라고 했어요.

어릴 때부터 평범하지 않았어요

견훤의 어린 시절에 대한 특별한 이야기도 전해져요.

견훤이 포대기에 싸여 있던 아기 때였어요. 견훤의 어머니가 들에서 농사일을 하는 아버지에게 밥을 갖다주려고 아이를 잠시 수풀 아래에 뉘어 놓았어요. 그랬더니 놀라운 일이 일어났어요. 호랑이가 와서 아이에게 젖을 먹여 준 거예요. 마을 사람들은 이 이야기를 듣고 놀라며 보통 아이가 아니라고 여겼어요.

아이가 자라 어른이 되자, 그 모습이 매우 씩씩하고 품은 뜻이 크고 강직한 것이 평범하지가 않았어요.

그는 군인이 되어 신라 도읍의 서남쪽 바닷가를 지켰어요. 그런데 창을 베고 누워 적을 기다릴 만큼 겁이 없고 배짱이 두둑했지요. 이처럼 그의 용감함은 항상 다른 병사들보다 뛰어났기에 공을 세워 비장★의 자리에 올랐답니다.

★**비장** 신라의 군인 계급 중 하나예요.

후백제를 세우다

무리를 모아 일어났어요

892년은 신라 진성 여왕이 나라를 다스린 지 6년째 되던 해였어요. 여왕의 총애를 받은 몇몇 신하들이 권력을 마음대로 휘둘러 나라의 질서가 몹시 어지러웠어요. 게다가 흉년이 들어 굶주린 백성들은 이리저리 떠돌았고, 도적들이 곳곳에서 벌 떼처럼 들고일어났어요.

이처럼 어지러운 형편을 본 견훤은 나라를 뒤엎으려는 마음을 품었어요. 그는 자신을 따르는 무리를 모아 도읍 서남쪽을 공격했는데, 가는 곳마다 뜻을 함께하는 이가 많아 한 달 사이에 무리가 5천 명으로 늘어났어요.

견훤은 이들과 함께 무진주(광주)를 습격해 스스로 왕이 되었어요.
그러나 함부로 왕이라 하지 못하고, 스스로 '신라서면 남도통행 전주자사 겸 어사중승상주국 한남국개국공'이라는 벼슬을 사용했어요.
이때 북원 지방의 도적인 양길의 세력이 매우 강했어요. 이에 궁예가 스스로 항복하여 그의 부하가 되었지요. 이 소식을 들은 견훤은 멀리서 양길에게 비장이라는 직책을 내려 주었어요.

스스로 후백제의 왕이 되었어요

견훤이 서쪽 지역을 둘러보며 완산주(전주)에 이르렀을 때, 주위 백성들이 모두 따뜻하게 반겨 맞이했어요.

견훤은 백성들의 마음을 얻은 것을 기뻐하여 사람들에게 말했어요.

"백제가 세워진 지 600여 년이 되었을 때, 당나라 고종은 수군 13만여 명을 거느리고 바다를 건너 신라와 함께 백제를 공격했소. 또, 신라의 김유신은 황산을 거쳐 당나라 군사와 함께 백제를 공격해 멸망시켰소. 그러니 내가 오늘 여기에 도읍을 세워 과거의 원한을 씻으려 하오."

마침내 견훤은 스스로를 후백제 왕이라 하고 신하들에게 관직을 주었어요.

이때가 바로 900년이니, 신라의 효공왕이 왕위에 오른 지 4년째 되던 해였지요.

백제
백제를 다시 일으키겠다. 나, 견훤만 믿고 따르거라!
견훤 님, 만세!

후백제 견훤과 태조 왕건의 대결

견훤과 왕건이 맞서 싸우기 시작했어요

918년에 궁예가 다스리던 철원경에 사는 백성들이 마음을 바꾸었어요. 궁예를 내쫓고 왕건을 떠받드니, 그가 바로 고려를 세운 태조 왕건이에요. 이 소식을 들은 견훤은 사신과 선물을 보내 축하해 줬어요. 속으로는 시기하는 마음이 있었지만 겉으로는 잘 지내는 척했지요. 왕건에게 특별히 푸르고 흰빛이 나는 말을 선물하기도 했어요.

그러나 견훤은 925년 10월에 3천 명의 기병을 거느리고 조물성으로 가, 왕건과 전투를 벌였는데 좀처럼 승부를 가리기가 어려웠어요.

이때 왕건은 견훤에게 화해의 글과 함께 사촌 동생 왕신을 볼모로 보냈고, 견훤 또한 사위 진호를 왕건에게 보내 화해의 분위기가 감돌았지요. 한편 견훤은 같은 해 12월에 신라의 20여 개 성을 공격하여 빼앗고, 후당★에 사신을 보내 백제 왕으로 인정받는 등 외교 활동을 벌였어요. 926년에는 고려에 볼모로 보냈던 진호가 갑자기 죽자, 견훤은 즉시 왕신을 가두었어요. 왕건이 일부러 진호를 죽였다고 의심한 거예요. 그리고 사람을 보내 말을 돌려주기를 청했어요. 태조 왕건은 웃으면서 돌려주었답니다.

★**후당** 923~936년에 중국에 있었던 나라 중 하나예요.

견훤이 신라로 쳐들어갔어요

이듬해인 927년 9월, 견훤은 신라의 근품성★을 공격해 빼앗고 불태웠어요. 이때 신라를 다스리던 경애왕은 다급한 나머지 고려 태조 왕건에게 도움을 청했어요. 태조 왕건은 신라를 도울 군사를 출발시켰지요.

그사이 견훤은 고울부(울주)를 습격해서 빼앗고, 신라의 왕도★로 향했어요. 하지만 경애왕은 견훤의 군대가 쳐들어오는 것도 모른 채 포석정에서 연회를 열던 터라, 제대로 싸워 보지도 못하고 크게 패하고 말았지요.

★**근품성** 지금의 경상북도 문경시 산양면에 있던 성이에요.
★**왕도** 왕이 거처하던 궁궐이 있는 도시예요.

견훤은 경애왕을 스스로 죽게 하고, 경애왕의 이종사촌 동생인 김부를 데려다 왕위를 잇게 했어요. 그런 후에 경애왕의 동생인 효렴과 재상 영경을 사로잡았어요. 또 신라의 귀한 보물과 각종 무기는 물론이고, 솜씨가 빼어난 기술자들까지 빼앗아 직접 데리고 후백제로 돌아왔어요.

신라를 돕는 고려와 싸웠어요

신라로부터 도와 달라는 부탁을 받은 왕건은 잘 훈련된 기병 5천 명을 이끌고 공산(팔공산)으로 갔어요. 그는 견훤의 군사를 상대로 크게 싸웠어요. 그러나 믿고 아끼던 장수 김락과 신숭겸이 죽고 전투에서 지고 말았어요. 왕건도 간신히 죽음을 면할 정도였지요. 게다가 의성부의 태수 홍술이 견훤에 맞서 싸우다 죽자, 왕건은 오른팔을 잃었다며 애통해했어요.

930년에는 견훤이 고창군(안동)을 공격하려고 군사를 크게 일으켰어요. 그는 돌산에 군사들이 지낼 수 있는 영채★를 세웠어요. 이에 맞서 왕건도 병산에 영채를 세웠어요. 그리고 견훤의 군사와 몇 차례 싸워 이기고, 후백제의 시랑★ 김악을 사로잡았어요. 그러나 이튿날 견훤이 군사를 거두어 순주성을 공격해 무너뜨렸어요. 성의 주인인 원봉은 이를 막아 내지 못하고 밤에 성을 버리고 달아났지요. 이 말을 들은 왕건은 매우 노하여 순주성의 격을 낮춰 하지현으로 삼았어요.

★**영채** 군대가 집단적으로 머무는 집이에요.
★**시랑** 지금의 차관급 벼슬이에요.

아들에게 배신당한 견훤

왕건에게 귀순하려고 했어요

932년에 견훤의 신하 공직이 태조 왕건을 찾아가 항복했어요. 그러자 견훤이 공직의 두 아들과 딸을 붙잡아 다리의 힘줄을 끊어 버렸지요. 견훤은 9월에 장군 일길이 이끄는 수군을 고려로 보냈어요. 이들은 예성강에 들어가 3일 동안 고려 배 100척을 불태웠어요.

934년, 견훤은 운주★로 군사들을 보냈어요. 그곳에 왕건의 군사가 머문다는 말을 들었거든요. 그러나 후백제군은 운주에 닿기도 전에 고려 장수 유금필이 이끄는 기병에게 공격을 당해 3천여 명이나 목이 베였어요.

★**운주** 지금의 충청남도 홍성 부근으로 추정해요.

이 소식에 웅진 이북의 30여 개 성이 스스로 고려에 항복했어요. 또 견훤의 밑에 있던 여러 신하도 왕건에게 항복했지요. 견훤이 고민 끝에 아들들을 불러 말했어요.

"우리 군사가 고려군보다 배나 많은데도 밀리고 있으니, 왕건에게 귀순★하여 목숨을 건지는 것이 어떻겠느냐?"

그러나 아들인 신검, 양검, 용검은 모두 이를 반대했어요.

★**귀순** 적이었던 상대가 스스로 마음을 바꿔 복종하는 것을 말해요.

넷째 아들에게 왕위를 넘겨주려 해서 갈등이 많았어요

〈이제가기〉에는 견훤의 자식들에 대해 이렇게 전하고 있어요.

"견훤은 상원 부인과의 사이에서 자식을 아홉 명 두었다. 맏아들은 신검이고, 둘째 아들은 태사 겸뇌, 셋째 아들은 좌승 용술, 넷째 아들은 태사 총지, 다섯째 아들은 대아간 종우, 여섯째 아들은 알려지지 않았고, 일곱째 아들은 좌승 위흥, 여덟째 아들은 태사 청구이다. 그리고 한 명의 딸은 국대 부인이다."

견훤은 아들이 많았어요. 그 가운데 넷째 아들인 금강이 체격이 좋고 문제 해결 능력이 뛰어났어요. 견훤은 금강을 특별히 아끼고 사랑하여 왕위를 물려주려고 했지요. 금강의 형 신검과 양검과 용검은 그러한 견훤의 마음을 눈치채고 괴로워했어요. 그러나 함께 모여 고민을 나눌 형편이 아니었어요. 양검은 강주에서, 용검은 무주에서 벼슬을 하고 있었고 신검만이 견훤 곁에 머물고 있었거든요.

맏아들 신검이 금산사에 아버지를 가두었어요

이때 이찬 능환이 반란★을 일으킬 계획을 꾸몄어요. 그리고 935년 3월에 같은 뜻을 가진 신하 영순 등과 함께 신검에게 견훤을 금산사★에 가두고 사람을 보내 금강을 죽이라고 권했어요. 신검은 이들의 말대로 한 다음에 자신을 '대왕'이라 부르게 했어요.

★**반란** 정부나 지도자에 반대하여 정권을 차지할 목적으로 군사적 행동을 벌이는 것을 말해요.
★**금산사** 전라북도 김제에 있는 절이에요.

견훤이 아무것도 모른 채 잠자리에 있을 때 멀리서 떠들썩한 소리가 들려왔어요. 무슨 소리냐고 물었더니, 신검이 이렇게 대답했어요.

"아버님이 나이가 들어 나랏일에 어두우시니 맏아들인 제가 대신 돌보게 되었습니다. 이 소식을 듣고 장수들이 기뻐 축하한다는 외침 소리입니다."

얼마 후 신검은 아버지 견훤을 금산사로 옮기고, 힘센 군사 30명을 시켜서 지키도록 했어요. 이 일을 두고 노래 하나가 유행했어요.

금산사를 탈출해 고려로 갔어요

견훤은 후궁과 시중드는 이들과 함께 금산사에 갇혀 지냈어요. 4월이 되자 견훤은 술을 빚어 자신을 지키는 군사 서른 명에게 먹였어요. 그리고 이들이 취한 것을 보고 금산사를 탈출했지요. 이때 고려의 왕건은 견훤으로부터 도와 달라는 연락을 받은 상태였어요. 그는 신하들에게 미리 바닷가로 가서 견훤을 맞이하도록 했어요.

견훤이 고려에 도착하자 왕건은 극진히 대접했어요. 그리고 견훤이 자신보다 열 살이 많다며 상보라는 특별한 칭호를 내리고 남궁에 머물도록 했지요. 또한 양주 땅에서 세금을 거둘 수 있게 하고, 농사지을 수 있는 땅과 노비 40명과 말 9필을 내려 주었어요. 뿐만 아니라 후백제의 신하였다가 먼저 항복해 와 있던 신강에게 견훤을 모시게 했어요.

후백제의 멸망

견훤이 왕건과 함께 후백제를 공격했어요

견훤이 고려에 온 지 두어 달이 지난 6월, 왕건에게 말했어요.

"이 늙은 신하가 대왕께 몸을 바친 뜻은 대왕의 힘을 빌려 저를 쫓아내고 왕위에 오른 아들을 없애기 위해서였습니다. 간곡히 바라건대 대왕께서 강력한 군대를 빌려주시어 저를 배신한 아들과 신하들을 무찌르게 해 주십시오. 그리하면 신은 죽더라도 한이 없을 것입니다."

"무찌르지 않으려는 것이 아니라 때를 기다리고 있습니다."

왕건은 이렇게 대답하고는, 태자 무와 장군 술희에게 보병과 기마병 10만 명을 거느리고 신검을 공격하게 했어요.

9월에는 왕건이 직접 군사를 거느리고 신검에게 갔어요. 그리고 먼저 와 있던 군사와 합하여 일선군으로 가니, 신검의 군사가 막아섰지요. 양측 군사가 일리천★을 사이에 두고 서로 대치했어요. 태조 왕건이 견훤과 함께 군사를 점검할 때 갑자기 칼과 창 같은 흰 구름이 고려군 쪽에서 적군 쪽으로 흘러갔어요. 이에 고려군이 북을 치며 행진했지요. 그러자 후백제군이 고려군의 큰 규모와 질서 있는 모습에 놀라 무기를 버리고 와서 항복했어요. 왕건이 이들에게 신검이 있는 곳을 물었어요.

"신검은 중군★에 있습니다."

★**일리천** 지금의 경상북도 구미시 낙동강 부근으로, 고려군이 승리하여 후삼국을 통일하는 계기가 된 곳이에요.
★**중군** 병력의 핵심이 되는 한가운데에 자리 잡은 중심 부대를 말해요.

후백제가 멸망했어요

왕건은 장군 공훤 등에게 명령하여 후백제군의 양쪽에서 공격하도록 했어요. 후백제군은 이를 막아 내지 못하고 무너졌지요. 고려군이 황산의 탄현에 도착하자 신검이 두 동생과 군사 등 40여 명과 함께 항복했어요. 왕건은 항복을 받아들이고, 능환에게 물었어요.

"대왕을 금산사에 가두고 신검을 왕으로 세운 것이 모두 네가 꾸민 짓으로 알고 있다. 신하 된 자로서 어찌 그런 짓을 할 수 있느냐?"

능환은 머리를 숙인 채 차마 대답하지 못했어요.

왕건은 명령을 내려 능환을 죽이도록 했어요. 그러나 신검에게는 특별히 죽음을 용서했어요. 신검은 다른 사람의 협박으로 왕의 자리를 빼앗은 것이며, 고려에 항복하여 죄를 빌었다는 이유였지요.

이 결정에 견훤은 매우 분하고 억울해했어요. 그는 결국 근심을 견디지 못해 병을 앓다가 황산 절간에서 일흔 살에 눈을 감았어요. 이로써 후백제는 936년에 멸망했어요.

삼국유사 배움터

후고구려를 세운 궁예

견훤이 후백제를 세울 무렵, 궁예도 옛 고구려 지역에 후고구려를 세웠어요.

궁예는 신라의 왕자 출신이나, 어릴 때 버려져 절에 들어가 살았어요. 그래서 신라에 대해 안 좋은 감정이 컸지요. 그는 절을 나와 북원(강원도 원주)의 호족★이었던 양길의 부하가 되었어요. 이때 궁예는 부하들을 잘 이끌고 공평하게 대해서 신임을 얻었고, 자신을 따르는 사람들이 늘어나자 양길로부터 독립했어요. 그 후 강원도와 경기도 일대에서 크게 세력을 떨치며 901년에 후고구려를 세웠지요.

★**호족** 통일 신라 말기에 지방에서 나타난 세력으로 경제력이나 군사력이 강했어요.

후고구려는 나날이 세력을 키우며 후백제, 신라와 경쟁했어요. 그러나 나라가 번성할수록 궁예의 성격이 포악해졌어요. 백성들에게 세금을 무리하게 걷고 화려한 궁궐을 지었어요. 또, 자신이 다른 사람의 생각을 읽는 신통력이 있다며 사람들을 의심하고 괴롭혔어요. 자기 마음에 들지 않으면 신하는 물론 아내와 자식도 죽일 정도였지요. 결국 이를 참다못한 신하들은 반란을 일으켜 궁예를 내쫓고 왕건을 왕으로 모셨어요.

쫓겨난 궁예는 산골을 헤매며 떠돌다가 배가 고파 보리 이삭을 잘라 먹었는데, 이때 백성들이 얼굴을 알아보고 던진 돌에 맞아 죽었답니다.

삼국유사 놀이터

후백제를 세우고 이끌었던 견훤은 태어나서 죽을 때까지 파란만장한 삶을 살았어요. 다음 그림 중에서 견훤에 대해 잘못 설명한 그림을 찾아보세요.

1

지렁이의 아들로 태어났다고 전해지기도 해요.

2

신라의 장수로 활약하다가 완산주에서 후백제를 세웠어요.

3

신라로 쳐들어가 경애왕을 죽게 하고 경순왕을 세웠어요.

4

신라를 도와주려는 고려군과 치열하게 싸웠어요.

나이가 들자 금산사에 들어가 편히 쉬었어요.

고려의 왕건을 찾아가 도움을 청했어요.

왕건과 함께 후백제를 공격해서 멸망시켰어요.

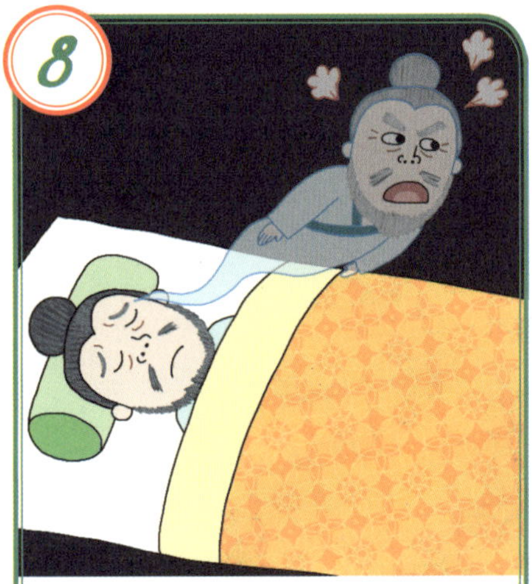

왕건이 신검을 용서하자 분통하여 병을 앓다가 세상을 떠났어요.

삼국 시대에는 고구려, 백제, 신라 외에 가야가 있었어요. 가야는 낙동강 유역을 중심으로 주변의 작은 나라들이 모여 연맹을 이루며 시작되었고, 풍부한 철을 바탕으로 크게 발전했지요. 그리고 신라의 삼국 통일 후, 고구려의 옛 땅에 발해가 세워졌어요. 발해는 고구려의 전통과 문화를 이었고, 고구려 유민들이 지배층이 되어 말갈인들을 다스렸어요. 중국에서 '해동성국'이라 부를 정도로 영토를 넓히고 발전했지요. 삼국 못지않게 번성했던 가야와 발해에 관한 이야기들을 알아볼까요?

남겨진 역사,
가야와 발해

여섯 가야의 임금이 된 황금 알

구지봉에서 이상한 소리가 들려왔어요

하늘과 땅이 생긴 이후로 아직 나라의 이름도 없고 임금과 신하를 부르는 말도 없을 때였어요. 이때 아도간, 여도간, 피도간, 오도간, 유수간, 유천간, 신천간, 오천간, 신귀간이 있었어요. 이들을 아홉 추장이라는 뜻으로 구간이라고 했어요. 구간은 대부분 산과 들에서 밭을 갈아 곡식을 거두어 먹으며 사람들을 다스렸어요.

42년, 그들이 모여 사는 곳 북쪽 구지봉에서 이상한 소리가 났어요. 그러자 이삼백 명의 사람들이 그곳으로 모여들었어요. 사람의 소리 같은데 모습은 보이지 않고 소리만 들렸지요.

"여기에 사람이 있는가?"
아홉 추장이 대답했어요.
"우리들이 있습니다."
또 소리가 들려왔어요.
"내가 있는 곳이 어디인가?"
아홉 추장이 다시 대답했어요.
"구지봉입니다."

하늘에서 황금 알이 내려왔어요

또 소리가 들려왔어요.

"하늘이 나에게 이곳에 새로운 나라를 세워 임금이 되라고 명하셨기에 내가 여기로 내려왔다. 너희가 봉우리 꼭대기의 흙을 파내면서 '거북아, 거북아, 네 목을 내밀어라. 만약 내밀지 않으면 구워 먹겠다.'라고 노래 부르며 춤을 추면, 대왕을 맞이하게 될 것이다."

구간은 목소리가 시키는 대로 모두 기쁘게 노래하고 춤을 추었어요.

얼마 후 하늘을 우러러보니, 자줏빛 새끼줄이 하늘에서 내려와 땅에 닿았어요. 가까이 다가가 줄 끝을 살펴보니 붉은색 보자기로 싼 금 상자가 있었지요. 모두 금 상자 속이 궁금해 조심스레 상자를 열어 보았어요. 그랬더니 상자 안에 해처럼 둥근 황금 알 여섯 개가 들어 있지 않겠어요? 놀란 구간은 이처럼 신기한 일이 기쁘고 감사하여 허리를 굽혀 백 번이나 절을 올렸어요. 그리고 금 상자를 다시 싸서 아도간의 집으로 가져가 탑 위에 두고 제각기 흩어졌답니다.

여섯 개의 알이 여섯 가야의 임금이 되었어요

그날로부터 얼마 후 사람들이 다시 모여 상자를 열어 보니 놀라운 일이 일어났어요. 상자 속에 있던 여섯 개의 알이 아주 잘생긴 아이들로 변해 있던 거예요. 사람들은 아이들을 평상에 앉혀 놓고 기쁜 마음으로 절을 했어요. 아이들은 열흘쯤 지나자 키가 2미터가 넘어 중국 은나라를 세운 탕왕 같았어요. 얼굴은 마치 용처럼 생긴 것이 한나라를 세운 고조 같았지요. 또 여덟 가지 색깔의 눈썹은 어질기로 소문난 전설 속의 요임금과 같았고, 두 겹으로 된 눈동자는 나라를 잘 다스려 백성을 편안하게 했던 순임금과 같았어요.

이 여섯 명은 그달 15일에 왕의 자리에 올랐어요. 이 중 첫 번째 알에서 나온 이는 세상에 처음으로 나타났다고 하여 이름을 '수로'라고 했어요. 그리고 수로가 세운 나라가 여섯 가야 중 하나인 금관가야예요. 나머지 다섯 사람도 각각 나라를 세워 다섯 가야의 임금이 되었어요.

삼국유사 배움터

통일 국가가 되지 못하고 사라진 가야 연맹

가야는 금관가야, 대가야, 성산가야, 아라가야, 고령가야, 소가야의 여섯 가야로 이루어진 연맹 왕국이에요. 강력한 왕이 중심이 되어 다스리는 고구려, 백제, 신라와 달리 국력이 엇비슷한 여섯 나라가 각각 독립적으로 다스려졌어요. 그러다 전쟁처럼 큰일이 벌어졌을 때 힘을 모았지요.

가야 연맹 초기에는 김해 지역에 있던 금관가야를 중심으로 뭉쳤어요. 금관가야에는 철이 풍부해 중국이나 일본에 수출하며 큰돈을 벌었어요. 철로 만든 농기구 덕분에 농사가 잘되었고, 철로 만든 무기로 군사력도 강했지요.

4세기 말, 금관가야는 고구려군의 공격을 받아 힘을 잃고 말았어요. 이후 가야 연맹은 고령 지방의 대가야를 중심으로 다시 한 번 힘을 키웠어요. 대가야도 질 좋은 철이 많았고 농사가 잘되는 기름진 땅이 있었거든요. 하지만 여전히 하나의 가야로 통일되지 못했기 때문에 백제와 신라 사이에서 버텨 내기가 힘들었지요. 결국 532년에 신라의 이사부 장군에게 금관가야가 무너졌고, 562년에는 신라 진흥왕에게 대가야가 쓰러지면서 나머지 가야들이 신라에 흡수되었어요. 만약 여섯 가야가 하나의 국가로 통일되었다면 삼국 시대가 아닌 사국 시대로 불리지 않았을까요?

탈해의 도전을 받은 수로왕

수로왕이 도읍을 정하고 나라를 다스렸어요

금관가야는 동쪽이 황산강, 서남쪽이 창해, 서북쪽이 지리산, 동북쪽이 가야산, 남쪽이 나라의 끝이 되었어요. 수로왕은 임시로 지낼 궁궐을 소박하게 짓게 하고 그곳에서 나라를 다스렸지요.

43년 봄, 수로왕은 도읍을 정하기 위해 궁궐 남쪽에 있는 신답평이라는 곳에 행차했어요. 사방에 솟아 있는 산들을 둘러본 왕은 주위 사람들에게 말했어요.

"이곳은 여뀌★ 잎처럼 좁지만 빼어나게 아름답다. 더구나 하나에서 셋을 만들고, 셋에서 일곱을 만드니 여기에서 나라를 개척하면 좋지 않겠는가?"

★**여뀌** 개울가나 길가, 풀숲에 자라는 한해살이풀이에요. 잎의 모양이 좁고 길어요.

왕은 외성과 궁궐, 여러 관청 건물과 무기 창고, 곡식 창고 지을 곳을 정하고 궁궐로 돌아왔어요. 그런 다음 기술자와 일꾼들을 불러 모아 튼튼한 성곽을 쌓기 시작했어요. 궁궐과 감옥은 이듬해 2월에 이르러 완성됐지요. 수로왕은 좋은 날을 가려 새 궁궐로 옮겨 가서 정치의 큰 기틀을 살피고 여러 가지 일을 신속히 처리했답니다.

탈해가 왕위를 빼앗으러 왔어요

어느 날 완하국★ 함달왕의 부인이 임신했는데 달이 차서 알을 낳았어요. 그 알이 변해 사람이 되니, 이름을 탈해라 했지요. 탈해가 바닷길 따라 금관가야에 왔어요. 탈해는 궁궐로 들어가 수로왕에게 말했어요.

"나는 왕위를 빼앗으러 왔소."

이에 수로왕이 침착하게 대답했어요.

★**완하국** 신라 건국 당시 주변에 있던 작은 나라예요. 용성국, 다파나국 등으로도 불려요.

"하늘이 나에게 왕위에 올라 나라와 백성을 편안하게 하도록 명했다. 그러니 감히 하늘의 명령을 어기고 너에게 왕위를 넘겨줄 수 없다. 또 감히 우리나라와 백성을 너에게 맡길 수도 없다."

탈해가 말했어요.

"그러면 나와 술법★을 겨루지 않겠소? 그대가 이기면 물러나겠소."

탈해의 제안에 수로왕이 흔쾌히 승낙했어요.

★**술법** 신비한 재주를 말해요.

수로왕과 탈해가 술법을 겨루었어요

잠깐 사이에 탈해는 매로 변했고, 수로왕은 독수리가 되었어요. 다시 탈해가 참새로 변하자 왕은 새매로 변했어요. 탈해가 본래의 모습으로 돌아오니 왕도 본모습으로 돌아왔어요. 이 모든 게 순식간에 벌어진 일이었어요. 결국 탈해가 항복하며 말했지요.

"제가 매가 되자 왕께서 독수리가 되었고, 참새가 되자 새매가 되었습니다. 저는 독수리나 새매에 잡혀 죽을 수도 있었습니다. 그런데도 죽음을 면한 것은 저의 죽음을 원치 않는 왕의 어진 마음 때문이 아니겠습니까? 제가 왕과 왕위를 두고 다투는 것은 참으로 어려운 일입니다."

탈해는 곧 절을 하고 나갔어요. 그러고는 나루터에 이르러 중국 배가 오가는 물길을 따라 떠났어요. 왕은 탈해가 모반★을 꾸밀까 걱정하여 급히 수군 500척을 내어 쫓아가도록 했어요. 그러나 탈해가 신라 땅 경계로 도망쳐 들어가는 것을 보고 수군이 모두 돌아왔지요.

다만, 이 일에 관한 기록은 신라의 기록과는 많은 차이가 있답니다.

★**모반** 국가나 왕을 뒤집어엎으려고 꾀하는 것을 말해요.

수로왕과 아유타국 공주의 혼인

신하들이 왕후를 맞이할 것을 권했어요

48년 7월 27일에 구간들이 왕에게 말했어요.

"대왕께서 아직도 좋은 짝을 얻지 못하셨으니 신들의 딸들 중에서 훌륭한 처녀를 뽑아 왕후로 삼으십시오."

왕이 말했어요.

"내가 이곳에 내려온 것은 하늘의 명이었다. 왕후를 맞는 것 역시 하늘의 명이 있을 것이니 그대들은 염려하지 말게."

그리고 유천간에게 가벼운 배와 날랜 말을 주며 망산도에 가서 기다리도록 했어요. 또 신귀간에게는 승점으로 가도록 명했지요.

그때 갑자기 바다 서남쪽 모퉁이에서 배 한 척이 붉은 깃발을 나부끼며 다가오고 있었어요. 유천간 등이 먼저 섬 위에서 횃불을 들자 배가 재빨리 육지 쪽으로 달려왔어요. 신귀간이 이 광경을 곧바로 왕에게 전달하자 수로왕이 기뻐했어요.

왕은 얼마 후 신하들에게 배를 타고 온 사람들을 마중하여 대궐로 모셔 오도록 했어요. 그런데 배에서 내린 공주가 이렇게 말했어요.

"나는 그대들과 알지 못하는 사이인데 어찌 경솔하게 따라가겠는가?"

수로왕이 공주를 만나러 행차했어요

신하들이 공주의 말을 전하자, 왕은 그녀의 말이 옳다고 여겨 직접 행차하여 대궐 아래 산언저리에 장막을 치고 기다렸어요. 이에 공주가 나루터 입구에 배를 대고 육지로 올라왔어요. 그리고 높은 언덕에서 쉬면서 입고 있던 비단 바지를 벗어 산신령에게 바쳤어요. 그때 공주를 모시던 사람이 잉신★ 부부 두 쌍에 노비까지 합쳐 모두 20여 명이었지요. 또 가지고 온 비단과 옷, 금은, 구슬과 옥, 장신구 등은 기록할 수 없을 정도로 많았답니다.

★**잉신** 시집갈 때 따라가 곁에서 모시던 신하예요.

잠시 후 공주가 수로왕이 있는 곳으로 가까이 갔어요. 왕이 나가 공주를 맞이하며 장막 궁전으로 함께 들어왔어요. 왕은 신하에게 잉신 부부를 데려오라 명하고 이렇게 말했어요.

"사람마다 방 하나씩을 주어 편안히 머무르게 하고, 노비들은 각기 한 방에 대여섯 명씩 들게 하라."

그리고 좋은 음료와 향이 좋은 술을 주고 무늬 있는 자리에서 재웠어요. 의복과 비단과 보화도 주고, 많은 수의 군사가 지키게 했지요.

왕후는 아유타국의 공주였어요

왕과 공주가 침전★에 들게 되었어요. 공주가 조용히 말했어요.

“저는 아유타국의 공주입니다. 성은 허씨이고 이름은 황옥이며 열여섯 살입니다. 지난 5월 부모님께서 꿈에 상제★를 보았는데, 상제께서 금관가야의 왕 수로는 하늘이 왕으로 정한 신성한 사람으로, 공주를 금관가야로 보내 그의 짝이 되게 하라셨다고 말씀하셨습니다.

★**침전** 왕이 잠을 자는 방이 있는 집이에요.
★**상제** 세상을 창조하고 이를 관리한다고 믿어지는 절대자예요.

저는 곧 배를 타고 멀리 신선이 먹는 대추를 구하고 하늘로 가서 신선이 먹는 복숭아를 좇으며, 반듯한 용모를 갖추어 이제야 왕을 만난 것입니다."

왕이 대답했어요.

"나는 공주가 먼 곳에서 올 것을 미리 알았소. 하여 왕후를 맞이하자는 신하들의 말을 따르지 않았소. 그런데 어질고 바른 당신이 직접 내게 왔으니, 못난 나에게 참 다행한 일이오."

혼인을 하고 궁궐로 돌아왔어요

드디어 수로왕과 공주가 혼인을 했어요. 그러고는 공주가 타고 온 배를 아유타국으로 돌려보냈어요. 이때 뱃사공이 모두 열다섯 명이었는데, 이들에게 각기 양식으로 쌀 열 섬, 베 서른 필씩을 주었어요.

왕과 왕후는 한 수레를 타고 왕후가 가져온 외국의 갖가지 진기한 물건을 모두 싣고 궁궐로 돌아왔어요.

수로왕은 왕후를 중궁★에 거처하게 하고, 잉신 부부와 노비들에게는 빈집 두 채를 주어 나누어 살게 했어요. 왕후를 따라온 나머지 사람들에게는 건물 한 채에 나누어 살게 하고 살림살이를 넉넉히 주었어요. 또한 배에 싣고 온 진기한 물건들은 왕실 창고에 쌓아 두어 왕후가 사계절 내내 쓰도록 했답니다.

★**중궁** 왕비가 거처하던 궁전이에요.

국가와 백성을 잘 다스렸어요

어느 날 수로왕이 신하들에게 말했어요.

“구간들은 모두 여러 벼슬아치의 우두머리다. 한데, 그 지위와 이름이 모두 신분이 낮은 사람의 호칭이니 혹시라도 나라 밖 사람들이 듣는다면 반드시 웃음거리가 될 것이다.”

그리하여 아도를 아궁으로, 여도를 여해로, 피도를 피장으로, 오도를 오상으로 고쳤으며, 유수와 유천이란 명칭은 유공과 유덕이라 했어요. 신천은 신도로, 오천은 오능으로, 신귀는 음은 놔두고 뜻만 고쳐 신귀로 했지요.

또한 신라의 관직을 참고하여 각간·아질간·급간의 품계를 두고, 그 아래 관리는 중국 주나라와 한나라의 제도를 나누어 정했어요. 옛것을 고쳐 새것을 취해 관직을 설치하고 직책을 나눈 것이지요.

이처럼 수로왕이 나라를 다스리는 집을 정돈하고 백성들을 아들처럼 사랑하니 정사가 잘 다스려졌어요.

수로왕과 왕후의 죽음

왕후가 157세에 죽으니 백성들이 안타까워했어요

왕이 왕후와 함께 사는 것이 마치 하늘에 땅이 있고 해에 달이 있으며, 양에 음이 있는 것과 같았어요. 왕후의 내조는 도산씨가 하나라 우임금을 잘 보필하고, 당원이 순임금을 도와 교씨를 일으킨 것처럼 공이 컸지요. 또 그해에 곰을 얻는 꿈을 꾸어 좋은 징조가 있더니 태자 거등공을 낳았답니다.

189년 3월 1일에 왕후가 세상을 떠났는데 나이가 157세였어요. 나라 사람들은 마치 땅이 무너진 듯 안타까워하며 구지봉 동북쪽 언덕에 장사를 지냈어요. 그리고 백성을 아들처럼 사랑하던 은혜를 잊지 않기 위해 왕후가 금관가야에 처음 와서 닿은 마을을 주포촌이라고 불렀어요. 또 왕후가 비단 바지를 벗은 높은 언덕을 능현이라고 했으며, 붉은 깃발이 들어온 바닷가를 기출변이라고 했지요.

수로왕이 죽으니 백성들이 부모를 잃은 듯 슬퍼했어요

왕후가 죽은 뒤 왕은 매일 외로운 베개에 의지하여 슬픔에 젖곤 했어요. 그러다가 10년이 지난 199년에 세상을 떠났어요. 이때 나이가 158세였지요. 나라 사람들은 마치 부모가 죽은 것처럼 몹시 슬퍼하며 마음 아파했어요. 왕후가 죽던 때보다 그 슬픔이 더욱 심했지요. 사람들은 정성스레 장사를 지내고 왕의 무덤을 수릉왕묘라고 불렀어요.

수로왕의 대를 이은 아들 거등왕부터 9대손 구형왕 말까지 330여 년 동안 수릉왕묘를 모셨어요. 그리고 매년 정월 3일과 7일, 5월 5일, 8월 5일과 15일에 정성스레 제사를 지냈는데 대대로 끊어지지 않았지요.
훗날 구형왕이 왕위를 잃고 금관가야를 떠난 뒤부터 사당에 지내는 제사를 간혹 거르기도 했지만, 수로왕의 17대손이자 신라의 관리였던 갱세 때부터 끊어졌던 제사를 다시 지냈어요.

수로왕의 사당이 878년 동안 무너지지 않았어요

수로왕의 사당에는 귀한 것들이 많았어요. 그래서 도적들의 침입이 빈번했지요. 도적들이 사당에 처음 왔을 때였어요. 갑옷을 입고 투구를 쓰고 활과 화살을 가진 한 용감한 병사가 사당 안에서 나왔어요. 그는 사방으로 비 오듯 활을 쏘아 도적 일고여덟 명을 맞혔고 나머지 도적들은 놀라 달아났지요.

도적들은 며칠 후 다시 왔어요. 이번에는 사당 옆에서 길이가 9미터 정도 되고 눈빛이 번개 같은 큰 구렁이가 나와서 여덟아홉 명을 물어 죽였어요. 겨우 죽음을 면한 도적들은 모두 엎어지고 흩어졌지요.

이 일로 사람들은 왕과 왕족의 무덤이나 사당 같은 시설의 안팎에는 반드시 신령스러운 것이 지킨다고 믿었답니다.

가야의 최후

구형왕이 신라에 항복했어요

구형왕은 금관가야의 제10대 왕이에요. 521년에 왕위에 올라 42년 동안 다스렸어요. 그런데 562년에 신라 제24대 진흥왕이 군사를 일으켜 금관가야에 쳐들어왔어요. 구형왕은 직접 군사를 거느리고 나가 싸웠으나, 적군의 수가 워낙 많아 맞서 싸운다 한들 이길 방법이 없었지요. 구형왕은 고민 끝에 왕자와 맏손자인 졸지공 등과 함께 신라에 들어가 항복했어요.

〈삼국사기〉를 살펴보면, 구형왕이 532년에 땅을 신라에 바치고 항복했다고 나와요. 그렇다면 수로왕이 처음 즉위한 42년에서 구형왕 말 532년까지를 계산했을 때 금관가야의 역사는 490년이 된답니다.

그러나 신라 진흥왕이 562년에 쳐들어와 땅을 바쳤다는 기록으로 계산하면 금관가야의 역사는 520년으로 늘어나지요. 〈삼국유사〉에는 이 두 가지 설을 모두 기록하고 있어요.◆

◆ 532년에 신라에 항복한 것은 금관가야이고, 562년 신라 진흥왕의 공격으로 무너진 것은 대가야로 보고 있어요.

삼국유사 배움터

가야 사람들은 어떻게 살았을까?

가야는 약 500년의 역사를 가지고 있어요. 그러나 가야에 대한 기록은 찾아보기 힘들어요. 〈삼국유사〉에 가야가 세워진 과정을 비롯한 몇몇 이야기와 유물이나 유적 등을 통해 가야 사람들의 문화나 풍습 등을 추측하고 있지요.

가야 사람들은 몇 가지 독특한 풍습을 지녔어요. 먼저 몸에 문신을 새겨 넣었다는 점이에요. 바닷길로 배를 타고 다니며 중국이나 일본과 거래를 많이 했기 때문에 안전한 항해를 기원하기 위해 문신을 한 것이지요. 그리고 사람이 죽으면 하늘로 간다는 믿음 때문에 큰 새의 깃털에 영혼을 담아 날려 보냈어요. 또 중요한 지위에 오르면 앞니 한 개씩을 뺐어요. 책임이 따르는 지위를 맡았으니 앞으로 잘 헤쳐 나가겠다는 각오로 뺀 거라고 해요.

가야 사람들의 풍습 중 가장 눈에 띄는 건 '편두'예요. 편두란 옛날 사람들이 두개골을 변형시키는 풍습을 말해요. 아기가 태어나자마자 납작한 돌로 이마를 눌러 평평하게 만드는 것이지요. 그러면 점차 뼈가 굳어 이마는 납작해지고, 뒤통수는 짱구처럼 툭 튀어나오게 돼요. 가야 사람들이 왜 일부러 편두를 했는지는 밝혀지지 않았지만, 고대 이집트에서는 높은 지위를 가진 여성들이 편두를 했다고 전해져요.

바다 동쪽의 번성한 나라, 발해

조영이 발해를 세우니 해동성국이라 불렸어요

중국 역사책 〈통전〉에 따르면 발해는 본래 말갈의 한 부족인 속말 말갈인데, 그 추장인 조영이 나라를 세우고 나라 이름을 진단이라고 불렀어요. 712년에는 비로소 말갈이란 이름을 버리고 발해라고 했어요. 719년에 조영이 죽자 시호를 고왕이라고 했어요.

세자 무예가 왕위를 이어받자, 당나라 현종이 그를 책봉★하여 왕위를 잇게 했어요. 무예는 연호를 인안으로 고쳤고, 중국에서는 발해를 '해동성국'이라고 불렀어요. 해동성국은 바다 동쪽에 있는 번성한 나라라는 뜻이에요. 중국에서 볼 때 발해가 동쪽에 있어 붙여진 말이지요.

발해는 땅을 5경 15부 62주라는 행정 구역으로 나누어 다스리며 날로 발전했어요. 그러나 926년에 거란의 공격을 받아 격파된 이후로 거란의 통제를 받았어요.

★**책봉** 왕이 왕비나 왕세자 등에게 직책을 임명하던 것을 말해요. 여기서는 중국에서 황제가 사신을 보내 왕의 지위에 세우는 것을 뜻해요.

발해가 당나라의 등주를 침략했어요

발해에 관한 기록은 자세하지 않지만 여러 역사책에서 흔적을 찾아볼 수 있어요. 먼저 〈삼국사기〉에는 이런 내용이 전해져요.

'678년에 고구려의 남은 무리들이 군사를 모아 태백산 아래 지역을 차지하고 세력을 펼치며 나라 이름을 발해라 했다. 그러나 732년 당나라 황제 현종이 장수를 보내 발해를 무너뜨렸다. 734년에는 발해와 말갈이 당나라 산둥반도의 등주 지방을 침략하니, 이번에도 현종이 무너뜨렸다.'

신라 시대에 관한 내용을 담은 역사책 〈신라고기〉에는 이렇게 전해요.
'고구려의 옛 장수 조영의 성은 대씨인데, 남은 군사를 모아 태백산 남쪽에 나라를 세우고 국호를 발해라 하였다.'
또 중국 송나라 때의 지도인 '지장도'를 살펴보면, 발해는 중국 만리장성의 동북쪽 모서리 밖에 위치했다고 전해져요.

발해는 어떤 나라였을까?

668년, 고구려가 멸망한 뒤 많은 고구려 사람이 당나라에 끌려갔어요. 이들은 요서 지방의 영주에서 거란족, 말갈족과 모여 살았는데 당나라 관리의 횡포가 이만저만이 아니었어요. 참다못한 고구려 유민들은 거란족, 말갈족과 함께 당나라에 맞서 싸웠지요. 그런데 거란족 장수가 당나라에 투항하며 당나라군의 앞잡이가 되어 공격해 왔어요. 이에 고구려 유민을 이끌던 걸걸중상과 말갈족 추장 걸사비우가 맹렬히 맞서 싸웠지만 그만 목숨을 잃고 말았어요. 그러자 걸걸중상의 아들인 대조영이 새로운 지도자가 되어 당나라군을 상대했고, 크게 승리를 거두었어요. 그런 다음 사람들을 이끌고 만주 땅 동쪽에 있는 동모산 기슭에 궁궐과 성을 짓고 698년에 발해를 세웠답니다.

이후 발해는 스스로 고구려를 계승한 나라라고 밝히고 옛 고구려 땅을 되찾아, 만주와 연해주에 이르는 드넓은 영토를 발해 땅으로 만들었어요. 또한 당나라로부터 선진 문물을 받아들여 문화 수준을 높였고, 일본과도 무역을 활발히 했어요. 그래서 중국으로부터 '바다 동쪽에 있는 융성한 나라'라는 뜻의 해동성국으로 불렸지요. 이처럼 전성기를 누리던 발해는 926년 거란의 공격을 받아 멸망했답니다.

삼국유사 놀이터

발해는 옛 고구려의 땅을 되찾아 만주에서 연해주에 이르는 드넓은 영토를 가졌어요. 아래 그림과 설명을 보고 발해의 문화유산이 아닌 것 두 개를 골라 네모 칸에 V해 보세요.

상경에 있던
절터에서 발견된
석등이에요.
중국 지린성에 위치한
벽돌로 만든 영광탑이에요.
상경
중경
동경
중국 지린성에서 발견된
불상으로, 고구려 문화의
영향을 받았어요.

고구려, 백제, 신라의 역사를 이야기할 때 불교를 빼놓을 수 없어요. 그만큼 불교는 삼국의 정치, 사회, 문화에 큰 영향을 끼쳤지요. 삼국은 불교를 통해 왕권을 강화하며 강력한 국가로 성장할 수 있었고, 백성들의 마음을 하나로 모아 사회를 안정시켰어요. 불교가 꽃피운 화려한 문화는 현재 남아 있는 문화유산만 보더라도 짐작할 수 있을 정도지요. 삼국이 언제, 어떻게 불교를 받아들이고 일으켰는지 살펴보아요.

삼국이 불교를 일으킨 신비한 이야기

고구려 불교의 시작

당나라가 고구려에 불교를 전했어요

〈삼국사기〉에 따르면, 고구려 제17대 임금 소수림왕이 즉위한 지 2년째 되던 372년에 전진★에서 사신과 승려 순도를 보내 불상과 경문을 전해 왔고 374년에 승려 아도가 동진★에서 왔다고 해요. 소수림왕은 이듬해 375년 2월에 초문사라는 절을 지어 순도를 머물게 하고, 이불란사라는 절을 지어 아도를 머물게 했는데, 이것이 고구려 불교의 시초였지요.

★**전진(351년~394년)** 원래 나라 이름은 진인데, 동시대에 같은 이름을 가진 나라들이 있어서 가장 먼저 세워진 이 나라를 전진이라고 불러요.
★**동진(317년~420년)** 중국 진나라 멸망 후 사마예가 진 왕조를 다시 세워 만든 나라예요.

또 고구려 말기에는 나라 사람들이 오두미교★를 받들었어요. 당나라의 첫 황제인 고조가 이 말을 듣고는 도교 신을 조각한 천존상과 도사를 보내 〈도덕경★〉을 설명하게 했어요. 이때가 고구려의 제27대 영류왕이 즉위한 지 7년째인 624년이었지요. 그리고 이듬해에 고구려는 당나라 고조에게 사신을 보내 불교와 도교를 배울 것을 청했어요.

★**오두미교** 도교의 한 종류로, 신도가 되려는 사람에게 다섯 말의 쌀을 바치게 해서 오두미교라고 했어요.
★**도덕경** 도교를 창시한 노자가 지은 것으로 전해지는 책이에요.

고구려를 쥐락펴락했던 개소문

수나라 양제가 고구려를 침략했다가 화살을 맞았어요

당나라의 역사를 기록한 〈당서〉를 살펴보면, 고구려가 도교를 받아들인 때보다 앞선 때에 이런 일이 있었어요.

수나라★ 황제 양제가 고구려가 차지한 요동 땅을 공격할 때였어요. 양명이라는 수나라 장수가 전세가 불리해져 죽음에 이르자 이렇게 맹세했어요.

"반드시 고구려의 신하로 태어나 나라를 멸망시키겠다."

그런데 훗날 개소문이 권력을 잡게 되자 개(蓋)를 성씨로 삼았는데◆, 이는 바로 양명(羊皿)의 한자와 맞아떨어졌답니다.

★**수나라(581년~618년)** 589년에 중국을 통일했고, 고구려를 세 차례나 침략했다가 실패했어요.
◆개소문의 성씨는 연이에요. 하지만 중국에서는 연씨를 사용할 수 없어서 개씨로 기록했어요.

또, 고구려의 역사를 기록한 〈고기〉에 이런 내용이 있어요. 수나라 양제가 612년에 30만 명의 군사를 이끌고 바다를 건너와 정벌하니, 614년 10월에 고구려의 제26대 영양왕이 표문★을 올려 항복을 청했어요. 이때 한 사람이 표문을 전하러 가는 사신을 따라 양제가 탄 배 안으로 들어갔어요. 이 사람의 품속에는 작은 활이 숨겨져 있었지요.

그는 양제가 표문을 받아 읽는 동안 숨겨 온 활을 꺼내 양제에게 쏘았어요. 활은 양제의 가슴을 맞혔지요.

★**표문** 옛날에 사용하던 외교 문서 중 하나예요.

양명이 죽어서 고구려의 개소문으로 태어났어요

양제는 곧 군사를 돌리려고 주위에 있던 사람들에게 말했어요.

"내가 천하의 주인이 되어 이 작은 나라를 친히 치려다가 불이익을 당했으니 두고두고 웃음거리가 되겠구나."

이때 양명이 아뢰었어요.

"신이 죽어서 다시 태어나면 고구려의 대신이 되겠습니다. 그리하여 반드시 고구려를 멸망시켜 황제의 원수를 갚겠습니다."

이렇듯 복수를 다짐한 양명은 양제가 죽은 후 고구려에서 다시 태어났어요. 그는 열다섯 살에 신기에 가까울 만큼 무술이 뛰어나고 용감했으며 총명했어요. 이때 고구려의 영류왕이 그의 현명함을 듣고 불러들여 신하로 삼았어요. 그는 스스로를 개금이라 불렀고, 지위가 소문★에 이르렀어요.

★**소문** 신라 최고의 행정 기관 집사부의 으뜸 벼슬인 '시중'과 같은 직책이에요.

개소문이 보장왕을 설득하여 도교를 받아들였어요

어느 날 개소문이 보장왕★에게 말했어요.

"솥에는 세 발이 있어야 하고, 나라에는 세 가지 종교가 있어야 합니다. 그런데 신이 나라 안을 보니 오직 유교와 불교만 있고, 도교가 없기 때문에 나라가 위태롭습니다."

왕이 옳다고 생각하여 당나라에 도교를 청하자, 당나라 황제 태종이 서달 등 도사 여덟 명을 보내왔어요.

★**보장왕** 고구려의 제28대 왕이자 마지막 왕이에요. 개소문이 영류왕을 죽이고, 그의 조카를 왕위에 올렸어요.

왕은 기뻐하며 절을 도교의 사원으로 삼고, 도사를 높이 대우했어요. 도사들은 고구려의 유명한 산천을 돌아다니며 그 기운을 가라앉혔어요. 그중 옛 평양성의 생긴 모양새나 기운이 반달형이라 하여 남쪽 강의 용에게 주문을 걸어 성을 더 쌓게 했어요. 이리하여 보름달 모양의 성이 만들어지니 '용언성'이라고 했지요. 이들은 또 미래를 예언하는 내용이 담긴 예언서를 지어 '용언도' 또는 '천년보장도'라 하고, 신령스러운 돌을 파서 깨트리기도 했답니다.

당나라가 신라와 손잡고 고구려를 멸망시켰어요

고구려에 도교를 받아들이게 한 개소문은 또 한 가지를 보장왕에게 권했어요. 당나라가 침입해 올 것을 대비하여 고구려의 동북쪽과 서남쪽에 장성을 쌓도록 한 것이에요. 이때 남자들은 성을 쌓는 데 동원되었고, 여자들은 집을 지키며 농사를 지었어요.

공사는 16년 만에야 끝났어요.

이윽고 당나라 태종이 직접 친위대★를 거느리고 쳐들어왔어요. 그러나 고구려군을 쉽게 이기지 못할 것 같다고 판단하여 다시 돌아갔어요. 태종의 뒤를 이은 고종은 668년에 다시 고구려를 쳐들어왔어요. 이번에는 장수 유인궤와 이적을 보내 신라 장수 김인문 등과 힘을 모아 고구려를 쳐서 멸망시켰지요. 이때 보장왕이 당나라에 잡혀가자 보장왕의 서자◆가 4천여 가구를 거느리고 신라에 항복했어요.

★**친위대** 황제나 왕을 경호하기 위해 특별히 편성한 부대를 말해요.
◆고구려 부흥 운동 때 추대된 안승을 말하는 것으로 보여요.

불교를 지키려 했던 보덕 화상

보장왕이 도교를 믿자 보덕 화상이 절을 날려 버렸어요

보장왕은 유교와 불교와 도교를 모두 일으키고자 했어요. 그러나 왕의 총애를 받던 재상 개소문이 설득했어요.

"지금 유교와 불교는 널리 알려져 믿는 사람이 많으나, 도교는 그러하질 못합니다. 특별히 당나라에 사신을 보내 도교를 일으켜야 합니다."

그때 반룡사★에 머물고 있던 보덕 화상이 왕에게 여러 차례 말했어요.

"도교가 불교에 맞서게 되면 나라의 운명이 위태로워질까 염려되옵니다."

★**반룡사** 지금의 평안남도 용강군에 있던 절이에요.

보덕 화상은 보장왕이 자신의 말을 새겨듣지 않자, 신령한 힘을 발휘하여 방장★을 날려 남쪽에 있는 완산주(전주)의 고대산으로 옮겨 버렸어요. 그리고 그곳에서 살았지요. 이때가 650년 6월이었는데, 몇 해 뒤인 668년에 보덕 화상의 염려대로 나라가 망하고 말았어요.

★**방장** 승려가 지내는 방을 말해요.

삼국유사 배움터

왕보다 더 막강한 권력을 휘둘렀던 개소문

개소문은 고구려 말기의 장군이자 정치가예요. 성이 연씨라 흔히 연개소문으로 불려요. 고구려의 명문 집안에서 태어났으며, 성격이 매우 거칠었다고 해요. 그는 영류왕이 당나라에 사신을 보내며 평화롭게 지내는 것을 못마땅하게 여겼어요. 당나라가 호시탐탐 고구려를 노리고 있다고 생각했거든요. 그래서 당나라에 굽신거리지 말고 강하게 맞설 것을 주장했어요. 그러나 고구려에는 당나라와의 평화를 원하는 정치인들이 많았고, 그들은 개소문을 제거하고자 했어요.

개소문은 이 소식을 듣고 선수를 치기로 했어요. 큰 연회를 열어 반대파 대신들을 초대해 놓고는 미리 숨겨 놓은 군사들을 풀어 반란을 일으켰어요. 반대파 대신들 100여 명을 죽였을 뿐 아니라 영류왕마저 죽였지요. 그러고는 영류왕의 조카를 왕으로 세우고, 자신은 스스로 만든 '대막리지'라는 자리에 올라 막강한 권력을 휘둘렀어요. 왕위에 오른 보장왕은 개소문 앞에서 꼭두각시 왕일 뿐이었지요. 개소문은 당나라의 공격을 수차례 막아 내며 고구려를 지켰지만, 그가 죽은 뒤 세 아들이 권력 다툼을 벌이면서 고구려가 멸망하고 말았답니다.

백제 불교의 시작

인도 승려 마라난타가 백제에 불교를 전했어요

〈삼국사기〉에 따르면 백제 불교는 인도 승려에 의해 시작되었어요. 제15대 침류왕이 왕위에 오른 384년, 중국의 동진에 와 있던 인도 승려 마라난타가 불교를 전하기 위해 백제로 왔어요. 왕은 그를 궁중에 머물게 하고 예를 다해 맞이했지요. 또 이듬해에 백제의 새 도읍지인 한성에 절을 지어 도첩★을 받은 승려 열 명을 두었어요. 이것이 백제 불법의 시작이랍니다.

마라난타라는 이름은 수행 중인 어린 남자 승려라는 뜻이에요. 그를 기리는 시가 있어요.

★**도첩** 나라에서 승려의 신분을 인정해 주던 증명서예요.

하늘의 조화는 아득한 옛날로부터 전해 오니,
대체로 잔재주 부리기 어려워라.
나이 먹은 사람들은 절로 터득하여 노래 부르고 춤추며,
옆 사람을 이끌어 눈을 뜨게 하네.

법왕이 살생을 금지했어요

백제 제29대 법왕의 이름은 선이며, 효순이라고도 해요. 그는 599년에 왕위에 올랐어요. 그해 겨울에는 생명이 있는 것을 죽이지 못하게 하고 백성들이 기르는 매 같은 새들을 놓아주게 했어요. 또 고기 잡는 도구를 불태워 모두 금지시켰지요. 이듬해에는 30명에게 승려가 되는 것을 허락하고, 수도 사비성에 왕흥사라는 절을 세우게 했어요.

하지만 겨우 터를 닦고는 죽었어요.

왕위를 이어받은 아들 무왕은 법왕의 뜻을 이어 왕흥사를 지었어요. 수십 년 만에 완성했는데 절 이름을 미륵사◆라고 했어요. 미륵사는 산을 등지고 물을 향해 있었으며, 꽃과 나무가 아름다워 사계절 내내 빼어나게 아름다웠어요. 무왕은 배를 타고 강을 따라 절로 들어가 화려한 경치를 감상했답니다.

◆ 무왕이 '미륵사'라고 이름 지은 왕흥사는 오늘날의 충청남도 부여군에 있고, 선화 공주의 청으로 지은 '미륵사'는 전라북도 익산시에 있어요.

신라 불교의 기초를 다진 아도

고구려의 승려 묵호자가 신라에 왔어요

〈삼국사기〉에 이렇게 전하고 있어요. 신라 제19대 눌지왕 때 고구려의 승려 묵호자가 일선군(구미)에 도착하자, 모례라는 사람이 집 안에 굴을 파서 묵호자를 편안히 지내게 했어요. 이때 중국 양나라에서 의복과 향을 보내왔는데, 왕과 신하들 모두 그 향의 이름이나 사용하는 법을 알지 못했지요. 그래서 향을 가지고 온 나라에 사람을 보내 두루 묻도록 했는데, 묵호자가 그것을 보고 말했어요.

"이것은 향이라는 것입니다. 태우면 향기가 아름답게 나는데, 그 향이 신성한 곳까지 퍼집니다. 신성한 것 가운데 삼보★보다 나은 것이 없으니, 만약 이것을 태우면서 원하는 바를 빌면 반드시 이루어질 것입니다."

이때 공주의 병이 매우 깊어 위태로웠는데, 묵호자를 불러 향을 태우며 빌게 하니 병이 곧 나았어요. 왕이 기뻐하여 묵호자에게 큰 상을 내리려 했지만, 잠깐 사이에 사라져 버리고 말았지요.

★**삼보** 부처, 불교의 이치, 승려 이 세 가지를 이르는 말이에요.

아도의 행동과 모습이 묵호자와 비슷했어요

제21대 소지왕 때에 승려 아도가 시중드는 세 사람과 함께 모례의 집에 왔는데, 그 행동이나 생김새가 묵호자와 비슷했다고 해요. 아도의 행적을 비석에 새긴 '아도본비'에 따르면 아도는 고구려 사람으로, 어머니는 고도녕이에요. 중국 위나라 사람 아굴마가 고구려에 사신으로 왔다가 고도녕과 남몰래 인연을 맺고 돌아갔어요. 이후 고도녕은 아도를 낳았고 아도가 다섯 살이 되자 절에 보냈어요.

열여섯 살이 된 아도는 위나라로 가서 아버지 아굴마를 만났고, 승려 현창의 제자가 되어 불법을 배웠어요. 그리고 열아홉 살이 되었을 때 어머니에게 돌아와 안부 인사를 드리자 어머니가 다음과 같이 말했어요.

"이 나라는 지금 불법을 모른다. 하나 앞으로 3천여 달이 지나면, 신라에 어진 왕이 나타나 불교를 크게 일으킬 것이다. 신라의 수도에는 절을 세울 자리가 일곱 군데 있으니 금교 동쪽 천경림(흥륜사), 삼천기(영흥사), 용궁 남쪽(황룡사), 용궁 북쪽(분황사), 사천미(영묘사), 신유림(천왕사), 서청전(담엄사)이 바로 그곳이다. 이 일곱 곳이 모두 부처님이 살던 시대의 절터이며, 부처님의 가르침이 오래도록 흐르던 땅이다. 그러니 네가 신라에 가서 불교를 전파하면 마땅히 그 땅의 불교 시조가 될 것이다."

아도가 흥륜사를 지었어요

263년, 어머니의 가르침을 받은 아도는 신라로 가서 왕성 서쪽에 있는 엄장사에 머물렀어요. 아도는 대궐에 나가 불교의 가르침을 설명했어요. 그러나 사람들은 불교에 관해 들어 본 적이 없어 그를 의심하였고, 심지어 죽이려는 사람까지 있었어요. 아도는 어쩔 수 없이 궁궐에서 나와 모례의 집에 숨어 지냈지요.

이듬해 미추왕의 딸인 성국 공주가 병이 들었어요. 신통력도 부려 보고 갖은 약도 써 봤지만 소용이 없어 신하들을 사방으로 보내 의원을 구했어요.

이때 아도가 대궐에 들어가 기도를 올리니 공주의 병이 나았어요. 왕이 매우 기뻐하며 그에게 소원을 묻자, 아도가 대답했어요.

"소승은 바라는 것이 없습니다. 다만, 천경림에 절을 짓고 불교를 크게 일으켜 나라의 복을 빌고자 합니다."

왕은 아도의 청을 허락하고 절을 짓도록 했어요.

아도는 소박하게 절을 짓고 불법을 가르쳤어요. 이따금 하늘 꽃이 땅에 떨어졌다고 해서 절의 이름을 흥륜사라고 지었어요.

법흥왕 때 불교가 흥하니 아도 어머니의 말이 확인되었어요

모례의 누이동생 사씨가 아도를 따라 여승이 되었어요. 그녀도 역시 삼천기에 절을 짓고 살았는데, 이름을 영흥사라 했어요. 얼마 후 미추왕이 세상을 떠나자, 아도를 못마땅하게 여기던 사람들이 그를 해치려고 했어요. 아도는 흥륜사를 떠나 모례의 집으로 돌아와 스스로 무덤을 만들고는 끝내 다시는 나타나지 않았어요. 이로 인하여 신라의 불교는 점점 힘을 잃어 마침내 없어지고 말았지요.

그로부터 기나긴 세월이 흘렀어요.

514년에 제23대 법흥왕이 왕위에 오르자 신라에 불교가 번성했어요.

미추왕이 다스렸던 263년으로부터 252년이 지났지요. 252년을 달로 계산하면 3,024달이에요. 이것으로 볼 때 아도의 어머니 고도녕이 신라에 어진 왕이 나타나 불교를 크게 일으킬 것이라고 했던 3,000여 달은 맞아떨어진 셈이었지요.

불교를 위해 몸을 바친 염촉

법흥왕의 신하들이 절 세우는 것을 반대했어요

〈삼국사기〉에서 '법흥왕이 왕위에 오른 지 14년째 되던 527년에 신하 이차돈이 불법을 위해 몸을 바쳤다.'라고 했어요.◆

법흥왕이 왕의 자리에 오르자 동쪽 지역을 살펴보고 말했어요.

"옛날에 중국의 한나라 명제가 꿈에 부처를 만나 감동하니 불법이 동쪽으로부터 흘러들어 왔다. 내가 왕이 되면 백성들을 위해 복을 빌고 죄를 없애는 절을 만들고자 한다."

◆〈삼국유사〉에 기록된 내용과 달리 〈삼국사기〉에는 법흥왕 15년인 528년이라고 나와요.

하지만 조정 신하들은 법흥왕의 깊은 뜻을 헤아리지 못했어요. 법흥왕이 부처의 가르침을 널리 전하고 절을 세우려는 신성한 생각을 반대했지요.

왕이 크게 안타까워하며 말했어요.

"나랏일을 돌보는 틈틈이 부처의 가르침을 배우고자 하는 마음을 모두 반대하니, 누구와 더불어 일을 하겠는가?"

염촉이 임금의 속내를 알아차렸어요

이때 법흥왕을 돕고자 나선 신하가 한 명 있었어요. 그는 성이 박씨이며, 이름이 염촉★이라는 사람이었어요. 대나무처럼 성품이 강직하고 물처럼 마음이 맑았으며, 조상 대대로 착한 행실을 쌓은 가문의 자손이었지요. 스물두 살 된 염촉은 사인★이라는 낮은 벼슬을 맡고 있었어요. 그는 어느 날, 곁에서 왕의 얼굴을 보다가 속내를 눈치채고 아뢰었어요.

"신이 듣기로는 옛날에 어진 사람은 풀을 베는 나무꾼에게도 계책을 물었다고 했습니다. 신이 비록 어리석으나 허락하신다면 큰 죄를 무릅쓰고라도 감히 대왕께서 고민하시는 바를 여쭙고자 합니다."

★**염촉** 이차돈을 가리켜요.
★**사인** 궁에서 임금이나 높은 관리들을 시중드는 일을 했던 관리예요.

왕이 대답했어요.

"그대가 할 만한 일이 아니다."

염촉이 왕에게 다시 아뢰었어요.

"나라를 위해 몸을 바치는 것은 신하로서 당연한 절개★이며, 임금을 위해 목숨을 바치는 것은 백성이 마땅히 지켜야 할 도리입니다. 제가 거짓된 말을 전한다는 죄를 들어 대왕께서 제 목을 베신다면 모든 백성이 복종하여 감히 대왕의 명을 어기지 못할 것입니다."

★**절개** 신념이나 신의 따위를 굽히거나 바꾸지 않는 강직한 태도예요.

왕을 위해 목숨을 내놓기로 했어요

법흥왕이 말했어요.

"내 뜻은 백성들을 이롭게 하고자 함인데 어찌 죄 없는 너의 목숨을 빼앗겠느냐? 너는 이 일로 덕을 쌓으려 한다지만 도리어 죄를 짓는 일이다."

이에 염촉이 말했어요.

"버리기 어려운 것 가운데 가장 귀한 것이 목숨일 것입니다. 그러나 소신이 저녁에 죽는 것으로 아침에 불교가 행해진다면, 부처님의 해가 온 세상을 밝히고 성스러운 대왕께서는 영원토록 편안할 것입니다."

염촉의 간절한 말을 듣고 왕이 대답했어요.

"만약 그대가 그와 같이 한다면 가히 보살★의 행동이라 할 수 있을 것이다."

★**보살** 부처가 되기 위해 수행하는 사람을 말해요.

왕이 염촉의 목을 베라고 명했어요

이렇게 염촉과 뜻을 맞춘 왕은 일부러 위엄을 갖춰 날카로운 칼을 쥔 병사들을 늘어서 있게 한 다음 신하들을 불러서 엄히 물었어요.

"과인이 절을 지으려 하는데 그대들이 사사건건 반대하며 일부러 늦추는 이유가 무엇인가?"

그러자 여러 신하들이 두려움에 벌벌 떨며 맹세했어요.

"어찌 감히 그런 일이 있을 수 있겠습니까? 절대 그런 적이 없습니다."

왕이 절 짓는 일을 맡은 염촉을 불러 캐물었어요. 염촉은 얼굴빛이 하얗게 변하며 대답조차 하지 못했지요.

왕은 크게 화를 내며 명령했어요.

"당장 저자의 목을 베라!"

곧바로 관원들이 달려와 염촉을 묶어 관아로 데려갔어요. 마침내 옥사정★이 그의 목을 베었어요. 그런데 그 순간, 놀라운 일이 벌어졌어요. 염촉의 베인 목에서 흰 젖이 솟구친 거예요.

★**옥사정** 예전에 감옥에 갇힌 사람을 감시하던 사람이에요.

염촉의 죽음으로 사람들이 불법을 깨달았어요

이어서 하늘이 어두워지더니 해가 그 빛을 감추었고, 땅이 진동하며 비가 떨어졌어요. 왕이 구슬피 흘린 눈물이 옷을 적셨고, 신하들도 근심과 슬픔으로 땀이 흘러 머리에 쓴 갓이 젖을 정도였지요. 또한 샘물이 갑자기 말라비틀어져 물고기와 자라가 다투어 뛰어오르고, 곧은 나무가 부러지니 원숭이들도 떼 지어 울었어요.

염촉과 함께 일하던 동료들은 서로 마주 보며 피눈물을 흘렸고, 함께 놀던 친구들이 서럽게 우는 소리가 마치 자기 부모가 돌아가신 듯 슬펐어요.

사람들은 모두 이렇게 말했어요.

"그 어떤 충신도 염촉의 뼈아픈 절개와 비교할 수 없을 것이며, 그 어떤 죽음도 염촉의 장렬함에 견줄 수 없을 것이다. 이것은 바로 법흥왕의 깊은 믿음에 기대어 아도의 참마음을 이룬 것이니 참으로 성스러운 분이다."

염촉의 시신은 마침내 금강산 서쪽에 묻혔어요. 그의 죽음을 슬퍼한 아내는 좋은 터를 점쳐서 절을 짓고, 이름을 '자추사'라고 지었어요. 이후 이 절에서 예를 올린 사람들은 반드시 대대로 번성했지요. 또 도를 행한 사람들은 불교의 이로움을 깨닫게 되었답니다.

불교에 귀의한 법흥왕과 진흥왕

법흥왕이 불교에 귀의했어요

법흥왕의 성은 김씨고 법명★은 법운이며 이름은 법공이에요. 그는 쇠약해진 불교를 일으키고 절을 세웠어요. 절이 완성되고는 왕위를 내려놓고 절의 주지★가 되어 몸소 부처의 가르침을 널리 알리는 데 힘썼지요.

★**법명** 불교에서 승려가 되는 사람에게 지어 주는 이름이에요.
★**주지** 절을 책임지고 관리하는 승려를 말해요.

중국의 〈책부원구〉라는 책에는 법흥왕이 절 공사를 시작하던 535년에 왕비도 영흥사를 세웠다고 해요. 그리고 왕과 함께 머리를 깎고 여승이 되어 이름을 묘법이라고 했어요. 그녀는 영흥사에 머물다가 몇 년 후에 죽었어요. 한편, 법흥왕은 왕실의 친척들을 절에서 일하는 노복으로 삼았어요. 이것을 계기로 절의 노복은 지금까지도 왕손★이라고 부르고 있어요.

★**왕손** 임금의 손자 또는 후손을 말해요.

진흥왕이 대흥륜사를 세웠어요

신라 제24대 진흥왕이 왕의 자리에 오른 지 5년째 되던 544년에 대흥륜사를 지었어요. 법흥왕 때 터를 닦아 공사를 시작한 것이 이때 완성된 것이지요. 547년에는 중국 양나라 사신 심호가 석가의 사리★를 가져왔고, 565년에는 진나라 사신 유사가 승려 명관과 함께 불교 경전을 받들고 왔어요. 이리하여 신라에는 절들이 별처럼 늘어서 있고 탑들은 기러기처럼 줄을 서 있게 되었어요. 부처의 가르침이 자비로운 구름처럼 온 나라를 덮었지요. 이는 모두 신라에 불교를 일으키기 위해 애쓴 아도, 법흥왕, 염촉의 위대한 힘이 이룬 것이라고 할 수 있어요.

★**사리** 부처나 부처의 깨달음을 얻은 자의 시신을 불에 태우고 남은 뼈나 구슬 모양의 것을 말해요.

기록에 따르면 흥륜사에서는 매해 음력 8월 5일에 고을의 장로들이 모임을 가졌다고 해요. 이날은 염촉이 불법을 위해 목숨을 바친 날이랍니다. 사람들은 염촉을 기리며 시를 지었어요.

의로움을 좇아 몸을 버린 것도 놀라운 일인데,
하늘 꽃과 흰 젖의 기이한 행적이 더욱 사무치는구나.
갑자기 단칼에 몸은 죽었지만,
은은한 종소리가 도읍을 뒤흔드네.

삼국유사 배움터

신라 귀족들은 왜 그렇게 불교를 반대했을까?

신라 사람들은 오래전부터 하늘 신, 물 신, 땅 신 같은 토착 신앙을 믿어 왔어요. 지역마다, 부족마다 섬기는 신이 각기 달랐지요. 그리고 각 지역을 지배하던 귀족들은 제사 같은 종교 의식을 이끌며 신성한 존재로 떠받들어졌어요. 왕 못지않은 권력을 휘둘렀지요. 그런데 법흥왕은 토착 신앙 대신 중국에서 들어온 불교를 신라의 대표 종교로 삼으려고 했어요. 갈수록 고구려, 백제와 정복 전쟁이 치열해지고 있는 때에 신라가 뒤처지지 않으려면 강력한 권력을 가진 왕을 중심으로 나라를 이끌어야 한다고 생각했기 때문이에요. 그러려면 각 지역에서 귀족들이 이끄는 토착 신앙을 누르고, 왕이 이끄는 종교로 통합해야 했어요. 그게 바로 불교였지요.

법흥왕은 백성들이 불교라는 하나의 종교를 믿게 되면 왕인 자신을 부처님처럼 받들 거라고 생각했어요. 그러면 자연히 토착 신앙을 이끌던 귀족의 힘이 약해지겠지요? 귀족들은 법흥왕이 불교를 받아들이려는 목적을 알았기에 그토록 불교 공인을 반대했던 거예요.
결국 신라는 염촉의 죽음을 계기로 삼국 중 가장 늦게 불교를 공식적으로 인정했답니다.

삼국유사 놀이터

신라는 법흥왕 때 염촉의 죽음을 계기로 불교를 정식으로 받아들였어요. 염촉의 목이 베일 때 일어났던 신비한 현상 속에 숨어 있는 그림을 다섯 개 찾아보세요.

(숨은 그림: 삼각자, 양말, 야구공, 연필, 도토리)

엉
엉엉
엉엉
으앙~

삼국유사 놀이터 정답

▼36~37쪽

▼92~93쪽

▼136~137 쪽

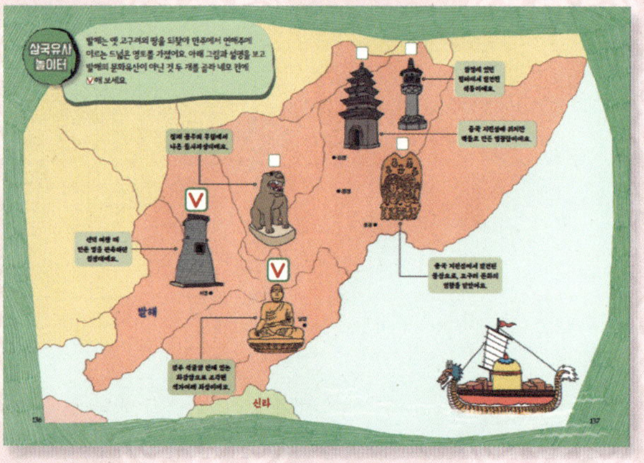

▼182~183쪽

〈그림으로 보는 삼국유사〉 시리즈는 전 5권입니다.

1권 나라를 세운 신성한 이야기
2권 통일 신라와 향가 이야기
3권 후삼국과 남겨진 역사
4권 삼국 시대의 불교 이야기
5권 승려들과 효 이야기

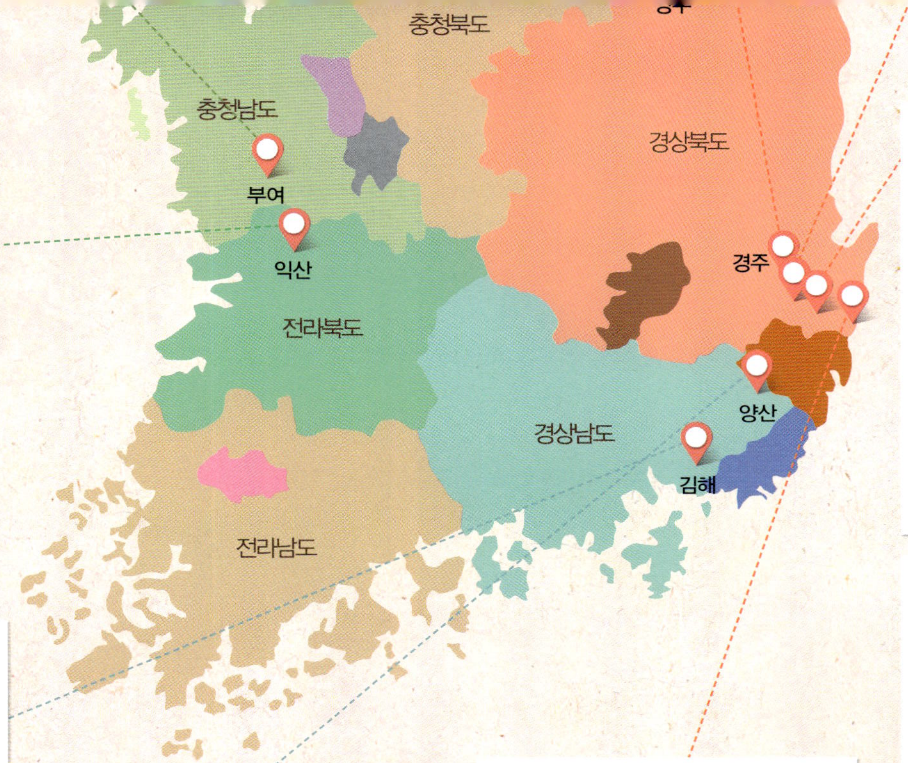

미륵사지 석탑(국보 제11호)

미륵사지

백제 미륵사의 절터. 미륵사는 백제 제30대 무왕 때 창건된 백제 최대의 사찰이다. 우리나라에서 가장 오래된 석탑이 남아 있다.

파사 석탑

파사 석탑

가야의 석조 불탑. 수로왕의 왕비 허왕후가 인도 아유타국에서 올 때 가져왔다고 전해진다.

통도사 금강 계단

통도사 (유네스코 세계 문화유산)

신라 선덕 여왕 15년(646년)에 자장이 창건한 사찰. 자장은 이곳에서 승려의 규범을 체계화했고, 금강 계단을 만들어 부처의 사리를 봉안하였다.

감은사지 3층 석탑(국보 제112호)

감은사지

통일 신라 감은사의 절터. 감은사는 통일 신라 제30대 문무왕이 부처의 힘을 빌어 신라를 지키겠다는 뜻으로 지은 절로, 제31대 신문왕 때 완성되었다.

삼층 석탑(국보 제21호)

다보탑(국보 제20호)

불국사 (유네스코 세계 문화유산)

신라 법흥왕 15년(528년)에 창건 후, 경덕왕 10년(751년)에 크게 재건축한 사찰. 삼층 석탑, 다보탑, 백운교, 연화교 등 신라 불교 예술 유적이 남아 있다.

석굴암 본존불

석굴암

(국보 제24호/유네스코 세계 문화유산)

통일 신라 경덕왕 10년(751년) 때 김대성이 창건한 우리나라 대표 석굴 사원. 화강암으로 만든 인조 석굴로, 굴 안에는 화강암에 조각한 석가여래 좌상과 여러 불상이 있다.

교과서 속 역사와 문화

삼국 시대 불교 문화유산

부석사 무량수전(국보 제18호)

부석사 (유네스코 세계 문화유산)

신라 문무왕 16년(676년)에 의상이 창건한 사찰. 우리나라에서 가장 오래된 목조 건축인 무량수전 등 많은 문화재가 있다.

모전석탑(국보 제30호)

분황사

신라 선덕 여왕 3년(643년)에 창건된 사찰. 원효가 불도를 닦으며 수많은 불교 관련 책을 집필한 곳이다.

황룡사지(복원도)

황룡사지

통일 신라 황룡사의 절터. 황룡사는 신라 제24대 진흥왕 때부터 제27대 선덕 여왕 때까지 약 100년에 걸쳐 지은 사찰로, 신라 최대의 사찰이었다.

정림사지 5층 석탑(국보 제9호)

정림사지

백제 정림사의 절터. 정림사는 백제 제26대 성왕이 사비성(부여)으로 도읍을 옮기면서 지은 사찰이다. 석조 불탑인 5층 석탑이 남아 있다.

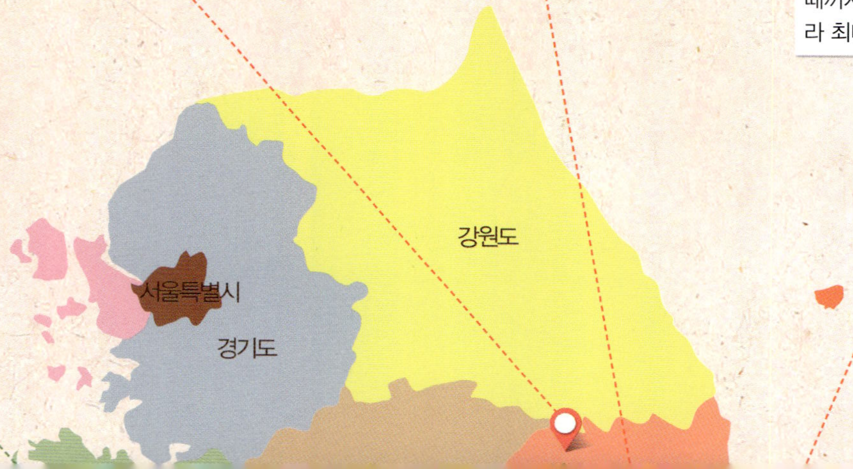